DAS LEBEN
IST SCHÖN LECKER!

Cuisine

Susanne Kalwa · Birgitt Hölzel

DAS LEBEN IST SCHÖN LECKER!

Das ultimative Kochbuch für Mädels

südwest

INHALT

kaadia

EINLEITUNG – WEIL WIR ANDERS SIND!

Du hast also dieses erste Mädelskochbuch, das es überhaupt gibt, in die Hand genommen und darin geblättert und es nicht gleich wieder weggelegt. Das freut uns. Es hat dich neugierig gemacht, was es mit diesem merkwürdigen Kochbuch auf sich hat. Vielleicht hast du sogar in deinem Innersten gefühlt – und das bestätigt uns –, dass da was dran sein kann an einem Kochbuch für Mädels. Nur was?

Die Sache ist manchmal ganz einfach. Sie beginnt mit zwei Freundinnen. Diese beiden Freundinnen sind wir, Susanne Kalwa und Birgitt Hölzel, die Autorinnen des Buchs. Wir sind zwei höchst unterschiedliche Frauen – wie es halt bei Freundinnen so vorkommt. Die eine, Susanne, ist leidenschaftliche Köchin, die noch dazu einen grünen Daumen und ein Händchen für Dekoration hat. Die andere, Birgitt, ist Wortliebhaberin, die privat und vor allem beruflich schreibt. Die aber auch gern isst und essen geht und kocht – und regelmäßig kochen muss für ihre Familie. Also bittet die Schreiberin Birgitt die Köchin Susanne gern mal um Rat und Hilfe, um Ideen und Anregungen, was sie ihrer Familie – bestehend aus insgesamt drei Mädels und einem Mann – mal wieder »vorsetzen« könnte.

Susanne, die Köchin, hat im Laufe ihres beruflichen Lebens, in dem sie unter anderem mal fast ausschließlich für Männer und mal fast ausschließlich für Frauen kochte, eine banale und zugleich beeindruckende Beobachtung gemacht: Frauen sind anders.

Denn: Frauen essen anders als Männer.

Stimmt's? Frauen essen lieber leichter. Sie bevorzugen kleinere Portionen. Sie mögen es lieber abwechslungsreich. Auch lassen sie sich gern mal auf kulinarische Abenteuer ein, die auf den ersten Blick beziehungsweise Geschmack sehr ungewöhnlich daherkommen. Sie probieren gern mal hier und da und lassen sich inspirieren. Feine, kleine Köstlichkeiten, die tendenziell eher aus Gemüsegärten stammen. Fleisch ist natürlich auch hin und wieder dran, aber nicht in der Häufigkeit und in den Mengen, mit denen Männer sich häufiger die Bäuche vollschlagen.

Frauen geht es beim Essen selten um eine 3-Sterne-Küche, weder beim Essengehen noch beim Selberkochen. Hochleistungskochen finden sie alles in allem eher albern. Deshalb brauchen sie in ihrer Küche keine 1000 Gerätschaften. Denn eigentlich, davon ist auch Susanne überzeugt, ist kaum Equipment nötig – und schon gar kein kompliziertes –, um wirklich gut zu kochen. Also: kein Sportwagen mit Sonderausstattung in der Küche, sondern lieber ein schnittiges, voll funktionstüchtiges Stadtauto.
Frauen fragen eher mal nach der Herkunft der Zutaten. Ob das Hühnchen vielleicht vom Bauernhof, das Schwein glücklich gewesen und das Obst von hier, aus der Region ist.
Mit dieser Beobachtung kam die Köchin eines Tages zur Schreiberin. Ob die andere es denn auch so sähe. Ja, natürlich! Wie Schuppen fiel es ihr von den Augen. Es stimmt! Immer so viel Fleisch ist bäh, manchmal gelüstet es einen förmlich nach frischem, knackigem Salat, nach Gemüse, nach Leichtigkeit. Aber da gibt es auch die anderen Tage, die bei Frauen einfach viel ausgeprägter sind als bei Männern: der Katzenjammer.
Also essen Frauen nicht nur anders als Männer, sie fühlen auch anders. Und sie essen so, wie sie sich fühlen: leicht, wenn sie beschwingt durchs Leben tanzen. Schwer, heiß und süß, wenn sie Seelentröstung mit Eintöpfen, Suppen und Zucker brauchen. Witzige Kleinigkeiten zum Schnabulieren bei den unabdingbaren Mädelsabenden, bei denen gelacht, gekichert und viel gequatscht wird.
Frauen wollen aber auch imponieren! Beispielsweise dann, wenn sie Mr. Right zum ersten Mal bekochen. Sie wollen zeigen, dass ihnen Essen Spaß macht, dass sie auch mal Fleisch wegputzen können – aber vor allem, dass man mit Essen sehr viel mehr bewirken kann, als den Bauch zu füllen. Auf die Zutaten kommt es an …
Imponieren möchten sie auch, wenn es besondere Anlässe zu feiern gibt oder – noch wichtiger – die Schwiegereltern sich anmelden. Schließlich wollen sie ihnen beweisen, dass sie es »draufhaben«.
Also haben wir zwei Freundinnen beschlossen, ein Mädelskochbuch zu machen. In ihm kommen nicht nur Gerichte vor, die dir als Mädel bestimmt schmecken werden. Sondern wir sortieren sie eben jenen Anlässen und Gefühlen zu, in denen du dich sicherlich wiederfindest.

Wenn du dich auf dieses Kochbuch einlässt, überlass dich zum einen einfach deiner Intuition und deinem momentanen Gefühl. Und zum anderen findest du in den verschiedenen Rubriken (Kapiteln) Gerichte passend zu den Anlässen, die anstehen. Ganz einfach, oder? In jeder Rubrik gibt es nämlich Vorspeisen, Suppen, ein Hauptgericht und natürlich Nachspeisen - die dich sicherlich überraschen werden.

Es gibt Gerichte mit Fleisch und welche ohne. Die Portionen sind auf eine normal essende Frau ausgerichtet. Wenn du also auch für ihn kochst, musst du vielleicht die Portionsgröße ein bisschen nach oben anpassen. Schmecken wird es ihm auch.

Du als Benutzerin des Kochbuchs musst nicht bereits 50 Kochkurse absolviert haben, um die Rezepte überhaupt verstehen und nachkochen zu können. Wir variieren zwischen wirklich einfach und verständlich sowie verständlich, aber schon ein bisschen anspruchsvoller. Wenn du im Kochen bereits ein bisschen geübt bist, kannst du gern auch improvisieren und etwas Neues ausprobieren. Du darfst dieses Mädelskochbuch aber auch einfach als inspirierendes Bilderbuch ansehen. Für uns sind Kochbücher wie die Bücher über große Maler. Man guckt, man staunt, man schmökert. Man verliebt sich in ein Gericht, man hat ein Lieblingsessen, man sammelt die Bücher wie Trophäen. Und vielleicht passt es auch als Geschenk für deine beste Freundin.

Viel Spaß beim Kochen, Schmökern und Essen wünschen dir

Susanne Kalwa und Birgitt Hölzel

SINNVOLLE KÜCHENGERÄTE, GEWÜRZE UND DEKORATIVE ESSBARE BLÜTEN

Auf diesen Seiten findest du eine kleine Übersicht über die Dinge, die dir die Arbeit in der Küche erleichtern. Dazu gehören Küchengeräte ebenso wie Gewürze, die du griffbereit haben sollest, und essbare Blüten, die (fast) jedes Gericht in einen echten Hingucker verwandeln. Denn wie gesagt: Mädels wollen in der Küche schließlich auch ein bisschen Eindruck schinden.

KÜCHENGERÄTE - DIE BASICS

Haarsieb
Handrührgerät
Küchenbretter/Schneidebretter in verschiedenen Größen aus Kunststoff und spülmaschinengeeignet*
Küchenmaschine mit Mixbecheraufsatz und diversen Reibescheiben sowie Teigrührfunktion (perfekt, aber kein Muss)
Mangoschneider (Ananas- oder Apfelschneider sind überflüssig)
Messer in drei Größen für Gemüse, Fleisch und Brot
Mörser mit Stößel
Nudelsieb
Pürierstab (wichtig!)
Schneebesen
Spachtel aus Silikon
Sparschäler (Kartoffel- bzw. Spargelschäler)
Waage digital mit Tara-Funktion (damit lässt sich die Waage wieder auf null stellen, wenn bereits Zutaten in der Schüssel sind, und es können weitere Zutaten in derselben Schüssel abgewogen werden)

*Kunststoffbrettchen können in der Spülmaschine gut gereinigt werden. Holzbretter musst du richtig gut abschrubben, gerade nach der Zubereitung von Hühnerfleisch (Achtung: Salmonellen!). Und Glasbrettchen sind der Tod eines jeden guten Messers.

GEWÜRZE FÜR DIE REZEPTE IN DIESEM BUCH

Basilikum**
Cayennepfeffer (gemahlen)
Chiliflocken
Chilischote
Currypulver (fertig oder selbst gemacht, siehe S. 24)
Dill (frisch oder getrocknet)
Fenchelsamen
Fischsauce
Fleur de Sel
Ingwerpulver/Ingwer (frisch)
Koriander (frisch)
Kreuzkümmel (Cumin) gemahlen
Kurkuma gemahlen
Lorbeerblätter
Majoran**
Muskatnuss ganz (mit Reibe)
Oregano
Paprikapulver scharf und edelsüß
Petersilie (frisch)
Pfeffer schwarz und/oder weiß aus der Mühle
Pfefferkörner rosa
Ras el-Hanout (marokkanische Gewürzmischung)
Rosmarin (frisch)
Safranfäden
Salbei
Salz
Schnittlauch (frisch)
Sojasauce
Sternanis
Thymian**
Vanilleschoten
Zimt gemahlen/Zimtstangen

**Getrocknet sind diese Gewürze intensiver als frisch.

ESSBARE BLÜTEN - DEKORATIV UND AROMATISCH

Gelb-orange: Kapuzinerkresse - leicht scharf, am besten im Salat oder in Suppen
Orange: Ringelblume - abgezupfte Blätter zum Dekorieren
Gelb: Dillblüte
Lila: Lavendel
Bunt: Stiefmütterchen/Hornveilchen - für Salate
Blau: Borretsch - aromatisch-würzig, ist im Ganzen essbar

DAS LEBEN IST SCHÖN!

Das Leben ist schön! So schön! Einfach herrlich!
Der Himmel ist blau, der Wind ist lau, die Sonne strahlt wärmend vom Himmel. Alles ist bunt und neu und duftet nach Blumen, Zitronen, Sommer. Vollkommen wie in der Werbung. Und so fühlen wir uns auch: jung, strahlend, beschwingt. Voller Tatendrang und Leichtigkeit. Die Welt liegt uns zu Füßen. Wir sausen summend mit unserem Fahrrad durch die Gegend, tänzeln durch Geschäfte und lächeln einfach alles nieder, was nicht bei drei auf den zartgrünen Bäumen ist. Und wir merken: Es lächelt zurück. Die Menschen, die Umgebung, die ganze Welt.
So wie wir uns fühlen an Tagen wie diesen, möchten wir auch essen: leicht und frisch und farbenfroh. Bekömmliches, Exotisches, Verführerisches. Damit unsere tolle Bikinifigur – haben wir doch endlich den richtigen Spiegel gefunden, in dem wir einfach hinreißend aussehen, und zwar immer! – bleibt, wie sie ist. Denn wenn wir schön sind, ist das Leben schön. Also halten wir uns daran: an Frühlings- und Sommergemüse in Rot, Gelb, Orange. An luftige Salate mit dem gewissen Etwas – das haben wir ja schließlich auch. An leichte Suppen mit Frühlingsflair. An zartes Fleisch, denn es verschafft uns die nötige Energie, um die zartgrünen Bäume auch mal auszureißen.
Mit unserer Energie stecken wir unsere Freundinnen und Freunde an.
Sie wollen teilhaben an dem schönen Lebensgefühl, das wir versprühen, das wir genießen. Vielleicht doch ein spontanes Picknick im Park, statt das immer Gleiche zu Hause? Oder mit der Clique in den Biergarten, aber ohne Bratwurst und schwere Käse-Butter-Aufstriche? Klar doch. Wir sind zu allen Lust- und Schandtaten bereit. Also packen wir kurz entschlossen unsere leckeren Happen, die wir zu Hause zubereitet haben, in den Picknickkorb, schnallen ihn auf den Gepäckträger von Fahrrad oder Roller, stecken noch eine Flasche alkoholisches Sprudelwasser ein und brausen los. Denn das Leben ist zu schön, um es allein zu genießen. Und lauwarm schmecken alle warmen Gerichte hier mindestens genauso gut!

KARTOFFEL-LIMETTEN-SUPPE

Zutaten für 6–8 Mädels

1 Zimtstange
8 Gewürznelken
5 grüne Kardamomkapseln
20 schwarze Pfefferkörner
500 g mehligkochende Kartoffeln
2 mittelgroße Zwiebeln (150 g)
4 EL Butterschmalz
1¾ l Hühnerbrühe (aus dem Glas)
½ TL gemahlene Kurkuma
4 Bund Koriandergrün
Salz
½ TL Muskatnuss, frisch gerieben
½ l Kokosmilch
150 g Crème fraîche
2–3 EL Limettensaft, frisch gepresst

Zubereitungszeit: 30 Minuten

1. Zimtstange, Gewürznelken, Kardamomkapseln und Pfefferkörner in ein Stück Mull legen und den Mull wie ein Säckchen zusammenbinden. Falls du keinen Mull hast, kannst du auch einen Teefilter für lose Teeblätter benutzen. Die Gewürze in dem Säckchen mit einem Nudelholz zerstoßen und beiseitelegen.

2. Die Kartoffeln waschen, schälen und würfeln. Zwiebeln abziehen und würfeln.

3. Das Butterschmalz erhitzen und die Zwiebeln sowie die Kartoffeln darin andünsten. Mit der Brühe aufgießen. Kurkuma hinzufügen und den vorbereiteten Gewürzbeutel in die Suppe hängen. Aufkochen und zugedeckt 10 bis 12 Minuten köcheln lassen, bis die Kartoffeln weich sind. Anschließend den Gewürzbeutel herausnehmen und über der Suppe ausdrücken.

4. Das Koriandergrün waschen und trockenschütteln. Die Blättchen von den Stängeln zupfen. Ein paar Blättchen zum Garnieren beiseitelegen, den Rest in die Suppe geben. Alles mit einem Stabmixer pürieren. Mit Salz und Muskatnuss würzen.

5. Kokosmilch, Crème fraîche und Limettensaft in die Suppe rühren und diese noch einmal erhitzen – aber nicht mehr kochen. Die Suppe vor dem Servieren mit den beiseitegelegten Korianderblättchen bestreuen.

Rucolasalat mit Pfirsich

Zutaten für 4 Mädels
150 g Rucola
4 kleine, reife Pfirsiche
75 g Parmesan am Stück
40 g Pinienkerne (ca. 3 gestrichene EL)

Für das Dressing
4 EL Öl
2 EL Balsamicoessig
1 EL Honig
Salz
Pfeffer aus der Mühle

Zubereitungszeit: 20 Minuten

1. Rucola verlesen, waschen und trockenschütteln. Die Blätter grob zerpflücken und auf vier Teller verteilen.

2. Pfirsiche waschen und vierteln. Den Stein entfernen und das Fruchtfleisch in etwa 1 Zentimeter breite Spalten schneiden. Die Pfirsichspalten auf dem Rucola drapieren. Mit einem groben Hobel den Parmesan darüberhobeln. Die Pinienkerne in einer Pfanne ohne Fett anrösten, dabei nicht zu braun werden lassen, und über den Salat streuen.

3. Für das Dressing das Öl mit dem Balsamicoessig und dem Honig verrühren und mit Salz und Pfeffer würzen. Über den Salat träufeln.

ERDBEER-TOMATEN-SALAT MIT SCHAFSKÄSE

ZUTATEN FÜR 4 MÄDELS

400 g Erdbeeren
3–4 Strauchtomaten (300 g)
50 g Schalotten
2 Orangen
3 EL Balsamicoessig
Salz
Pfeffer aus der Mühle
1 Prise Zucker
50 ml Öl
100 g Schafskäse
1 Bund Zitronenmelisse

ZUBEREITUNGSZEIT: 1 STUNDE

1. Erdbeeren in ein Sieb geben, unter fließendem Wasser abbrausen, anschließend putzen und halbieren. Die Stielansätze der Tomaten keilförmig ausschneiden, die Tomaten unten kreuzweise einschneiden und in kochend heißes Wasser legen. Abgießen, abschrecken, häuten und in Spalten schneiden. Die Schalotten abziehen und fein würfeln.

2. Die Orangen schälen – dabei die weiße Haut möglichst vollständig entfernen – und filetieren (siehe S. 92). Aus den Rückständen der Orangen den Saft auspressen und auffangen. Du benötigst etwa 3 Esslöffel Orangensaft für die Vinaigrette.

3. Balsamicoessig und Orangensaft mit Salz, Pfeffer, Zucker und Öl zu einer Vinaigrette verrühren. Die Schalotten zusammen mit den Erdbeeren, den Tomatenspalten und den Orangenfilets in der Vinaigrette wenden und auf einer Platte anrichten.

4. Den Schafskäse in kleine Würfel schneiden und über den Salat geben. Die Zitronenmelisse waschen und trockenschütteln. Die Blätter von den Stängeln zupfen und über den Salat streuen.

Schön hier!

POLLO TONNATO

ZUTATEN FÜR 4 MÄDELS
½ l Hühnerbrühe (aus dem Glas)
1 Lorbeerblatt
4 Hühnchenbrustfilets
1 Biozitrone

FÜR DIE THUNFISCHSAUCE
5 EL gute Mayonnaise
1 Gläschen Kapern
1 Dose Thunfisch im eigenen Saft
1 EL Anchovispaste (Sardellenpaste)
Saft von ½ Zitrone
Salz
Pfeffer aus der Mühle

ZUBEREITUNGSZEIT: 45 MINUTEN

TIPP: Das Pollo tonnato – ein Vitello tonnato vom Huhn – lässt sich wunderbar vorbereiten und unter Frischhaltefolie kühl stellen. Wichtig ist, dass die gekochte Hühnchenbrust noch warm geschnitten wird, da sie sonst beim Schneiden zerfällt.

1. Die Hühnerbrühe mit dem Lorbeerblatt zum Kochen bringen. In der Zwischenzeit die Hühnchenbrustfilets waschen und trockentupfen. Anschließend in die kochende Hühnerbrühe legen. Kurz aufkochen und danach im Sud 15 Minuten sieden lassen.

2. Für die Thunfischsauce die Mayonnaise in eine Schüssel geben, die zum Pürieren geeignet ist. Die Kapern abgießen, 1 Esslöffel davon für die Deko beiseitelegen. Den Thunfisch ebenfalls abgießen und mit der Anchovispaste, dem Zitronensaft, 5 Esslöffel von der Hühnerbrühe und den Kapern hinzufügen. Alles so lange mit dem Stabmixer pürieren, bis eine homogene, sämige Masse entstanden ist. Mit Salz und Pfeffer abschmecken. Die Thunfischsauce kühl stellen.

3. Die Hühnchenbrustfilets aus dem Sud nehmen und prüfen, ob sie vollständig gar sind. Anschließend auf die flache Seite legen und an der dünnen Seite festhalten. Mit einem langen, scharfen Messer schräg in möglichst dünne Scheiben schneiden. Jede aufgeschnittene Hühnchenbrust auf einem eigenen Teller fächerförmig drapieren.

4. Die Thunfischsauce großzügig von der Mitte aus kreisförmig über das Fleisch träufeln, dabei einen etwa 5 Zentimeter breiten Rand frei lassen. Die Biozitrone waschen, trockenreiben und in Scheiben schneiden. Das Pollo tonnato mit den Zitronenscheiben und den beiseitegelegten Kapern garnieren. Nach Belieben mit Schnittlauchröllchen bestreuen und mit etwas Weißbrot servieren.

Sommergelbes Gemüse mit Kräuterbulgur

Zutaten für 4 Mädels

350 g Hokkaidokürbis
350 g Karotten
350 g festkochende Kartoffeln
175 g Süßkartoffeln
1 Mango
1 mittelgroße Zwiebel
1 daumendickes Stück Ingwer
2 EL Olivenöl
2 TL flüssiger Honig
1 TL gemahlener Koriander
3 TL milde Currypaste (aus dem Asialaden)
200 ml Orangensaft
300 ml Gemüsebrühe
2 EL Schmand
Salz
Pfeffer aus der Mühle
½ Bund Koriandergrün

Für den Kräuterbulgur

1 Schalotte
1 EL Rapsöl
300 g Bulgur
½ l Gemüsebrühe
je 1 Handvoll Basilikum, Dill, Fenchelkraut, Schnittlauch

Für den Joghurtdip

5 Stängel Koriander
500 g Naturjoghurt
1 EL Zitronensaft, frisch gepresst

Zubereitungszeit: 1 Stunde

1. Kürbis halbieren, entkernen und in 1 Zentimeter große Würfel schneiden. Karotten schälen und schräg in Scheiben schneiden. Kartoffeln und Süßkartoffeln waschen, schälen und in 1 Zentimeter große Würfel schneiden. Mango schälen, Fruchtfleisch vom Kern und ebenfalls in 1 Zentimeter große Würfel schneiden (siehe Tipp S. 59). Zwiebel abziehen und fein würfeln, Ingwer schälen und fein hacken.

2. Olivenöl in einem großen Topf erhitzen und Zwiebelwürfel sowie Ingwer bei geringer Hitze darin anschwitzen. Honig unterrühren, Karotten, gemahlenen Koriander und Currypaste hinzufügen. 5 Minuten andünsten, mit Orangensaft ablöschen. Nun die Hitze erhöhen und Kürbis, Kartoffeln, Süßkartoffeln sowie Gemüsebrühe hinzufügen. Alles im halb geschlossenen Topf etwa 20 Minuten garen.

3. Inwischen für den Kräuterbulgur Schalotte abziehen und fein hacken. Rapsöl in einem kleinen Topf erhitzen und die Schalotte darin glasig anbraten. Bulgur dazugeben und verrühren. Die Gemüsebrühe angießen, kurz aufkochen lassen, die Hitze reduzieren und den Bulgur zugedeckt ziehen lassen. Die Kräuter abbrausen, trockenschütteln, fein hacken und unter den warmen Bulgur mischen. Eventuell überschüssige Brühe durch ein Sieb abgießen.

4. Für den Joghurtdip den Koriander waschen und trockenschütteln. Die Blättchen von den Stängeln zupfen, fein hacken und mit Joghurt und Zitronensaft verrühren.

5. Nach 20 Minuten Garzeit die Mangowürfel und den Schmand unter das Gemüse mischen, mit Salz und Pfeffer abschmecken und kurz aufkochen lassen. Koriandergrün abbrausen und trockenschütteln, die Blättchen von den Stängeln zupfen. Das Gemüse auf vier Tellern anrichten, mit den Korianderblättchen bestreuen und mit Kräuterbulgur sowie Joghurtdip servieren.

TAGLIATELLE AL LIMONE

ZUTATEN FÜR 2 MÄDELS

250 g Tagliatelle
Salz
1 EL Butterschmalz
2 EL hauchdünne Streifchen vom Parmaschinken oder einem ähnlichen Schinken
2 EL Butter
2 Eier (Größe M)
3 EL Parmesan, frisch gerieben
2 EL Zitronensaft, frisch gepresst
1 TL Salz
½ TL Pfeffer aus Mühle
1 Messerspitze Muskatnuss, frisch gerieben
1 EL Petersilie, fein gehackt

ZUBEREITUNGSZEIT: 30 MINUTEN

1. Die Tagliatelle nach Packungsanleitung in reichlich Salzwasser bissfest garen, anschließend abgießen und abtropfen lassen.

2. Butterschmalz in einer Pfanne zerlassen und den fein geschnittenen Schinken leicht darin bräunen.

3. In einer Schüssel die Butter mit den Eiern, 2 Esslöffel geriebenem Parmesan, Zitronensaft sowie Salz, Pfeffer und Muskatnuss vermengen. Die Petersilie hinzufügen und untermengen.

4. Die gegarten Nudeln zum Schinken in die Pfanne geben und kurz erwärmen. Anschließend die Butter-Eier-Mischung rasch unter die Pfannennudeln ziehen. Die Nudeln sofort auf zwei vorgewärmte Teller verteilen und den restlichen Parmesan darüberstreuen.

TIPP: Achte beim Anbraten des zarten Schinkens darauf, dass das Butterschmalz nicht zu heiß ist. Sonst verbrennt nur das Fett, und das beeinträchtigt den Geschmack.

KNALLROTER TOMATENRISOTTO

Zutaten für 4 Mädels

2 kleine Zwiebeln
300 g Tomaten
3 EL Olivenöl
450 g Risottoreis
2 EL Tomatenmark
200 ml trockener Weißwein
800 ml Gemüsebrühe
100 g getrocknete Tomaten (ohne Öl)
150 g Parmesan am Stück
6 Zweige Thymian
Salz
Pfeffer aus der Mühle
etwas Thymian zum Garnieren

Zubereitungszeit: 45 Minuten

Tipp: Verwende bei den getrockneten Tomaten keine in Öl eingelegten. Das typische Aroma tritt bei denen ohne Öl stärker hervor, und du sparst dir gleichzeitig ein bisschen Fett im Risotto.

1. Zwiebeln abziehen und fein würfeln. Tomaten waschen, halbieren und Stielansatz sowie Kerne entfernen. Das Tomatenfruchtfleisch in 1 Zentimeter große Würfel schneiden.

2. Das Öl in einem Topf erhitzen und die Zwiebeln zusammen mit dem Risottoreis darin anschwitzen, bis beides glasig ist. Tomatenmark unterrühren, mit Wein ablöschen und unter Rühren einkochen lassen. In der Zwischenzeit die Gemüsebrühe erhitzen.

3. So viel heiße Gemüsebrühe angießen, bis der Reis knapp bedeckt ist. Den Reis unter Rühren bei niedriger Hitze garen, bis er die Flüssigkeit fast vollständig aufgesogen hat. Den Vorgang so lange wiederholen, bis der Reis bissfest und die Brühe aufgebraucht ist. Die Tomatenwürfel hinzufügen und 5 Minuten mitgaren.

4. In der Zwischenzeit die getrockneten Tomaten grob hacken, 120 Gramm Parmesan fein reiben. Thymian abbrausen und trockenschütteln. Die Blätter von den Zweigen zupfen; einige zum Garnieren beiseitelegen, die restlichen mit den getrockneten Tomaten sowie dem geriebenen Parmesan unter den Risotto rühren. Mit Salz und Pfeffer abschmecken. Den Risotto auf flachen Tellern anrichten, den restlichen Parmesan darüberreiben und mit dem beiseitegelegten Thymian garniert servieren.

HONIG-CURRY-HÜHNCHENBRÜSTE
MIT BANANEN-KOKOS-SAUCE

Zutaten für 4 Mädels

4 Hühnchenbrustfilets
2 EL Öl
Salz
1 EL Honig
2 TL aromatisch-würziges Currypulver
1 Biolimette
1 Bund Koriandergrün
1 kleine rote Chilischote
20 g Butter
4 Bananen
½ TL gelbe Currypaste (aus dem Asialaden)
½ l Kokosmilch
Currypulver zum Abschmecken

Zubereitungszeit: 45 Minuten

Topp: Currymischungen können ein ganzes Buch füllen. Es gibt sehr gute Fertigmischungen; wenn du aber Lust hast und öfter mit Curry kochst, kannst du dir auch deine eigene Mischung zubereiten. Hier ein Rezept für ein aromatisch-würziges Currypulver, einen echten Allrounder. Dafür 1½ Esslöffel gemahlenen Koriander, 1 Esslöffel gemahlenen Kreuzkümmel, je 2 Teelöffel gemahlene Kurkuma, Kardamompulver, gemahlenen schwarzen Pfeffer, Ceylon-Zimtpulver und zerstoßene Curryblätter sowie 1 Teelöffel Cayennepfeffer, ½ Teelöffel frisch geriebene Muskatnuss und ¼ Teelöffel Nelkenpulver miteinander vermengen und in ein Schraubglas abfüllen. Kühl, dunkel und trocken lagern.

1. Den Backofen auf 150 °C (Umluft 130 °C, Gas Stufe 1) vorheizen. Die Hühnchenbrustfilets unter kaltem Wasser abbrausen und mit Küchenpapier trockentupfen.

2. Das Öl erhitzen und das Fleisch darin anbraten. Salzen. Honig und Currypulver vermengen. Die Mischung über das Fleisch träufeln, dabei die Filets immer wieder wenden. Nach 5 bis 6 Minuten das Fleisch in eine feuerfeste Form legen und in 12 bis 15 Minuten im Ofen fertig garen. Gelegentlich mit der Honig-Curry-Sauce beträufeln.

3. Limette waschen und trockenreiben. Die Schale der Limette abreiben, den Saft auspressen. Den Koriander waschen und trockenschütteln. Die Blättchen von den Stängeln zupfen und fein hacken. Die Chilischote waschen, längs halbieren, entkernen und in feine Streifen schneiden. Dabei eventuell Einmalhandschuhe tragen.

4. Die Butter in einem kleinen Topf zerlassen. Die Bananen schälen, in Scheiben schneiden und in der Butter anbraten. Die Honig-Curry-Sauce aus der Form mit 2 bis 3 Esslöffel Wasser und der Currypaste verrühren und mit Kokosmilch und Limettenschale zu den Bananen geben. 10 Minuten köcheln lassen, mit Limettensaft, Salz und Currypulver abschmecken.

5. Das Fleisch aus dem Ofen nehmen und die Bananen-Kokos-Sauce darauf anrichten. Mit Koriandergrün und Chili bestreuen. Nach Belieben Duftreis dazu servieren.

LACHSFILETS AN FRÜHLINGSSALAT
MIT LIMETTENDRESSING

Zutaten für 4 Mädels
4 Lachsfilets mit Haut, ohne Gräten
2 EL neutrales Öl
1 TL Butter
Salz
1 EL Zitronensaft, frisch gepresst

Für den Frühlingssalat
800 g gemischte Blattsalate, z. B. Lollo verde, Kopfsalat, Rucola, junger Blattspinat, Brunnenkresse
250 g gelbe Kirschtomaten
1 Bund Radieschen

Für das Limettendressing
Saft von 1 Limette
1 TL Honig
Salz
Pfeffer aus der Mühle
6 EL Sesamöl
1 EL Minze, frisch gehackt

Zubereitungszeit: 30 Minuten

1. Den Lachs unter fließendem kaltem Wasser abbrausen und mit Küchenpapier trockentupfen.

2. Das Öl mit der Butter in einer Pfanne erhitzen. Das Öl nicht zu heiß werden lassen, da die Butter sonst verbrennt. Den Lachs mit der Hautseite nach unten bei nicht zu starker Hitze 2 bis 3 Minuten darin anbraten. Anschließend wenden und weitere 4 bis 5 Minuten braten. Mit Salz würzen.

3. Für den Frühlingssalat Blattsalate, Tomaten und Radieschen waschen. Blattsalate trockenschleudern und in mundgerechte Stücke zupfen. Tomaten halbieren. Radieschen putzen und in feine Scheiben schneiden. In eine große Salatschüssel geben.

4. Für das Limettendressing 2 Esslöffel heißes Wasser, Limettensaft und Honig verrühren und mit Salz und Pfeffer würzen. Das Öl hinzufügen und alles zu einem sämigen Dressing verrühren. Über den Salat geben, den Salat durchmischen und mit der Minze bestreuen.

5. Den Lachs mit Zitronensaft beträufeln, auf vier vorgewärmten Tellern anrichten und mit dem Frühlingssalat servieren.

Das Bild zum Rezept findest du auf dem Cover.

Tipp: Dieses Fischgericht geht schnell und ist besonders leicht bekömmlich. Ideal für warme Tage!

LATTE-MACCHIATO-CREME
MIT HIMBEEREN

Zutaten für 4 Mädels

½ l Milch
1 Päckchen Vanillepuddingpulver
2 EL Zucker
2 EL Instant-Kaffeepulver
ca. 4 EL frische Himbeeren
100 g Sahne
1 Päckchen Vanillezucker
Kakaopulver zum Bestäuben

Zubereitungszeit: 20 Minuten + 1 Stunde Kühlzeit

1. Die Milch in einen Topf geben und langsam erhitzen. In einer Schüssel das Puddingpulver mit dem Zucker und dem Kaffeepulver sowie mit 6 Esslöffel der heißen Milch glatt rühren. Kurz bevor die Milch kocht, die Puddingpulvermischung einrühren. Kurz aufkochen lassen, vom Herd nehmen und etwas abkühlen lassen.

2. Die Himbeeren verlesen, möglichst nicht waschen. 4 Himbeeren beiseitelegen. Die restlichen Himbeeren auf vier hohe Gläser verteilen und die warme Puddingmischung daraufgeben. Die Gläser kalt stellen.

3. Die Sahne mit dem Vanillezucker steif schlagen und kurz vor dem Servieren auf den vorbereiteten Gläsern verteilen. Mit je 1 Himbeere garnieren und mit etwas Kakaopulver bestäuben. Nach Belieben mit einem langen Löffel und mit Amarettokeksen servieren. Einfach köstlich!

AUF DIE SCHNELLE

Wir sind schon immer auf Zack, wir Mädels. Das Leben hat schließlich viel zu bieten, wir wollen es in vollen Zügen genießen und nichts verpassen: Freunde treffen, im Beruf vorankommen, den Sport nicht vernachlässigen, en vogue in der Mode durch Shopping sein, die neuesten Kinofilme kennen … Zugegeben, manchmal eilen wir etwas fremdbestimmt von einem Termin zum nächsten und lassen uns von der Hektik des Alltags jagen. Da bleibt so manches Mal das Essen auf der Strecke. Und das ist gar nicht gut.

Wo sollen wir denn die Energie hernehmen für die ganzen Aufgaben und Unternehmungen, wenn wir keine tanken? Wo sollen wir in diesen kurzen Zeitfenstern, die sich zwischen Termin A und Termin B öffnen, auch noch das Einkaufen und Kochen unterbringen? Was tun, um uns eben nicht von Tiefkühlpizza, Schnellimbiss und Schokoriegeln dauerzuernähren?

Wir könnten doch kochen! Im Ernst! Ehrlich!

Zum einen steckt in unserem Kühlschrank – außer in ganz resistenten Anti-koch-Haushalten – spontan immer mehr, als wir auf den ersten Blick erkennen. Zum anderen gibt es Gerichte, die wirklich fix zubereitet sind. Zu denen du außer den Sachen, die du zu Hause hast, nur zwei, vielleicht drei frische Zutaten brauchst. Die du aber ganz bestimmt auf dem Nachhauseweg schnell beim Gemüsestand, im Tante-Emma-Laden oder im Supermarkt besorgen kannst.

In dieser Rubrik haben wir entsprechende Rezepte zusammengestellt. Sie sind nicht immer nur leicht und locker-flockig wie im Kapitel »Das Leben ist schön«. Macht nichts. Denn schließlich gibt es Situationen, in denen wir Mädels Nervennahrung brauchen oder einfach einen Energie-Booster, um all die vielen alltäglichen Dinge gewuppt zu bekommen.

Also: Zähl jetzt keine Kalorien, die da vielleicht drinstecken könnten – die verlierst du bei dem Tempo, das du fährst, eh sofort. Gönn dir lieber die Kraft, die du brauchst. Und wir versichern dir: Du gehst mit angenehm gefülltem Magen fröhlicher aus dem Haus, als du dachtest. Und hast dir beim Kochen vielleicht sogar ein kleines bisschen Entspannung geholt.

RÖSTSCHNITTE

Zutaten für 1 Mädel

1 EL Öl
1 TL Butter
2 Scheiben Weizenmischbrot (am besten 2–3 Tage alt)
2 Eier
Salz
Pfeffer aus der Mühle
2 EL Milch

Zubereitungszeit: 10 Minuten

1. Öl und Butter in einer Pfanne erhitzen und die Brotscheiben von beiden Seiten darin braun anbraten.

2. In der Zwischenzeit die Eier mit Salz, Pfeffer und Milch wie bei der Zubereitung von Rührei vermischen. Wenn die Brotscheiben gut braun geröstet sind, bei geringerer Hitze das verquirlte Ei über das Brot in der Pfanne gießen und die Eimischung stocken lassen. Die Brotscheiben wenden und das Ei auf der anderen Seite gegebenenfalls auch stocken lassen.

Tipp: In diesem Fall reicht es nicht aus, das Brot im Toaster zu rösten, denn die Butter und das Öl geben dem Brot einen ganz anderen Geschmack. Je älter das Brot ist, desto weniger saugt es sich voll; die Eimischung bleibt dann nur außen haften. So sparst du auch etwas an Fett.

Überbackenes Baguette

Zutaten für 1 Mädel

1 Stück Baguette (am besten vom Vortag)
1 TL Butter oder Olivenöl
ein paar Blätter Rucola
ein paar Scheiben Wurst, z. B. Salami, gekochter Schinken oder Mortadella
ein paar TL Pesto
1 Tomate
etwas Käse, z. B. Schafskäse

Zubereitungszeit: 15 Minuten

1. Das Baguette toasten und anschließend mit Butter oder Olivenöl bestreichen. Den Rucola waschen und trockenschütteln. Das Baguette mit Rucola und Wurst belegen und mit etwas Pesto bestreichen.

2. Die Tomate waschen, in Scheiben schneiden und auf das Baguette legen. Zum Schluss den Käse darübergeben und das Baguette bei 180 °C (Umluft 160 °C, Gas Stufe 2–3) so lange im Ofen backen, bis der Käse zerlaufen ist und Blasen wirft.

Tipp: Ein Glas Rotwein rundet das schnell zubereitete Essen ab und verleiht ihm eine feine Note. Statt Baguette kannst du im Prinzip jeden Kanten Brot verwenden, der sich noch in der Brotdose befindet – älteres Brot eignet sich besser als frisches und ist auch noch gut für die Ökobilanz. Statt Pesto aus dem Glas kannst du auch selbst gemachtes rotes Pesto (Rezept siehe S. 98) verwenden.

Spitzpaprika, mit Schafskäse gefüllt

Zutaten für 4 Mädels
6–8 gelbe oder rote Spitzpaprikaschoten
250 g Schafskäse
Paprikapulver
Öl

Zubereitungszeit: 25 Minuten

1. Die Paprikaschoten waschen, halbieren und die Seitenrippen sowie Samenkerne im Inneren vorsichtig entfernen. Die Schoten nochmals abbrausen, dadurch lassen sich auch eventuell übrig gebliebene Samenkerne einfach wegspülen.

2. Den Schafskäse mit einer Gabel zerdrücken und in die Paprikaschoten füllen. Die gefüllten Schoten in eine Auflaufform legen, mit etwas Paprikapulver bestreuen und mit je 1 Teelöffel Öl beträufeln. Die Schoten bei 180 °C (Umluft 160 °C, Gas Stufe 2–3) 20 Minuten im Ofen backen.

Tipp: Die mit leckerem Schafskäse gefüllten Paprika sind auch eine perfekte Beilage zum Lammbraten oder zu Grillgerichten (siehe S. 94ff.). Die Paprikaschoten müssen nicht halbiert, sie können auch im Ganzen gefüllt werden.

Überbackener Chicorée
mit Schinken und Käse

Zutaten für 1–2 Mädels

3 mittelgroße Stauden Chicorée
3 große Scheiben roher oder leicht geräucherter Schinken
3 große Scheiben mittelalter Gouda
125 g Sahne
1/8 l Gemüsebrühe
rosa Pfeffer zum Bestreuen

Zubereitungszeit: 40 Minuten

1. Die Außenblätter der Chicoréestauden entfernen, sollten diese schon etwas braun sein. Das untere Ende der Stauden jeweils 1 Zentimeter breit abschneiden, den Strunk wegen der Bitterstoffe allerdings nicht herausschneiden. Je nach Größe der Stauden diese eventuell halbieren. In diesem Fall Schinken- und Käsescheiben ebenfalls halbieren.

2. Den Chicorée zuerst mit Schinken, dann mit Käse umwickeln bzw. belegen. Die Stauden in eine Auflaufform legen. Sahne und Gemüsebrühe verrühren und darübergießen. Mit rosa Pfeffer bestreuen. Den Chicorée bei 180 °C (Umluft 160 °C, Gas Stufe 2–3) 30 Minuten im Ofen überbacken.

Tipp: Auch wenn diese Wahrheit bitter schmeckt: Die Bitterstoffe im Chicorée sind sehr gesund und wichtig für unsere Verdauung, insbesondere für die Tätigkeit der Gallenblase. Somit regen sie den Stoffwechsel tüchtig an. Und als kleiner Trost: Die Sahne mildert den bitteren Geschmack ein wenig ab.

Das geht mir alles zu schnell hier.

ZUCCHINI-OMELETT

ZUTATEN FÜR 1 MÄDEL

1 kleine Zucchini
2 Eier
3 EL Milch
Salz
Pfeffer aus der Mühle
Butter zum Braten
getrockneter Thymian

ZUBEREITUNGSZEIT: 15 MINUTEN

TIPP: Falls es dein Kühlschrank gerade hergibt: Ein wenig zerbröckelter Schafskäse verleiht dem Omelett eine mediterrane und würzige Note.

1. Die Zucchini waschen, putzen und grob raspeln. Die Eier mit der Milch verquirlen und mit Salz und Pfeffer würzen.

2. Die Butter in einer kleinen Pfanne (maximal 24 Zentimeter Durchmesser) bei mittlerer Hitze zerlassen und die Zucchiniraspel darin anbraten. Mit Salz, Pfeffer und Thymian würzen.

3. Wenn die Zucchiniraspel etwas gebräunt sind, die Eiermasse darübergießen und etwa 2 Minuten stocken lassen. Anschließend mithilfe eines großen Tellers das Omelett wenden. Weitere 2 Minuten stocken lassen. Danach den Herd ausschalten und das Omelett noch 5 Minuten in der Pfanne ziehen lassen. Nach Belieben mit 1 Scheibe Bauernbrot servieren.

RÜHREI MIT TOMATEN UND SCHAFSKÄSE

Zutaten für 1 Mädel

1 Ei
3 EL Milch
Salz
Pfeffer aus der Mühle
1 Messerspitze getrockneter Thymian
1 Tomate
50 g Schafskäse
1 TL Butter

Zubereitungszeit: 15 Minuten

1. Das Ei in einem Schälchen mit der Milch sowie mit Salz, Pfeffer und Thymian verquirlen. Die Tomate waschen und in kleine Würfel schneiden. Den Schafskäse in 1 Zentimeter große Würfel schneiden.

2. Die Butter in einer kleinen Pfanne heiß werden lassen und die Tomatenwürfelchen darin anbraten. Die Eimischung darübergeben und die Schafskäsewürfel hinzufügen. Die Masse mit einem Pfannenwender vorsichtig verrühren.

TIPP: Das Rührei am besten auf einer getoasteten Bauernbrotscheibe servieren. Das sieht nicht nur hübsch aus, sondern schmeckt – vor allem mit ein paar Schnittlauchröllchen on top – auch sehr gut.

REISPFANNE MIT GEMÜSE

Zutaten für 2 Mädels

1 kleine Zwiebel
1 Zucchini
1 Karotte
1 Paprikaschote
1 Stange Sellerie
½ Stange Lauch
½ Fenchelknolle
4–5 EL Öl
200 ml Gemüsebrühe
200 g Sahne
1 TL Sambal Oelek
Salz
Pfeffer aus der Mühle
250 g gekochter Reis vom Vortag
gemischte Kräuter, z. B. Petersilie, Schnittlauch, Basilikum, Thymian, Minze; auch TK-Kräuter eignen sich

Tipp: Bei diesem Gericht kannst du jedes Gemüse, das du noch im Kühlschrank und auf das du Appetit hast, verwenden. Probier es einfach mal aus. Du wirst überrascht sein, welche aufregenden Kombinationen es gibt!

Zubereitungszeit: 25 Minuten

1. Zwiebel abziehen und fein würfeln. Das Gemüse waschen und putzen. Zucchini, Karotte und Paprikaschote ebenfalls in feine Würfel, Sellerie und Lauch in Ringe, Fenchel in feine Streifen schneiden.

2. In einer großen Pfanne das Öl heiß werden lassen. Zwiebeln, Karotte, Paprika und Fenchel darin anbraten. Nach etwa 5 Minuten Sellerie, Lauch und Zucchini dazugeben und mitbraten.

3. Nach 5 Minuten Garzeit das Gemüse mit der Gemüsebrühe ablöschen. Die Sahne hinzufügen und das Sambal Oelek unterrühren. Mit Salz und Pfeffer abschmecken. Den Reis unterrühren und warm werden lassen. In der Zwischenzeit die Kräuter waschen, trockenschütteln, klein schneiden und kurz vor dem Servieren unter den Gemüsereis heben.

SPAGHETTI POMODORO E BASILICO

Zutaten für 4 Mädels
500 g Spaghetti
Salz
600 g reife Tomaten
1 Bund Basilikum
2 Knoblauchzehen
2–3 Sardellenfilets
2–3 EL Rotweinessig
6 EL Öl
100 g Gorgonzola
Pfeffer aus der Mühle

Zubereitungszeit: 20 Minuten

1. Die Spaghetti nach Packungsanleitung in reichlich Salzwasser bissfest garen.

2. Die Tomaten waschen und grob würfeln. Das Basilikum waschen, trockenschütteln und grob hacken. Den Knoblauch abziehen und ebenso wie die Sardellenfilets fein hacken. Tomaten, Basilikum, Knoblauch und Sardellenfilets mit Essig und Öl in einer großen Schüssel mischen. Den Gorgonzola in kleine Stücke bröckeln oder zupfen.

3. Die Nudeln abgießen und abtropfen lassen, dabei 2 Esslöffel Nudelwasser auffangen. Beides zusammen in die Schüssel mit der Tomatenmischung geben und gründlich durchmengen.

4. Mit Salz und Pfeffer abschmecken. Den Gorgonzola darüberstreuen und sofort servieren.

Gebratene Hühnerbrust
auf buntem Gemüse

Zutaten für 1 Mädel

Für die pürierten Kräuter

je 1 Handvoll Petersilie, Schnittlauch und Basilikum sowie wahlweise Koriander oder Dill oder Fenchelkraut
1 kleine Knoblauchzehe oder ½ Zwiebel
150 ml neutrales Öl

Tipp: Auch wenn es ein schnell zubereitetes Essen für dich allein ist, solltest du es genießen und dir beispielsweise ein kleines Glas Weißwein dazu gönnen.

Für die Hühnerbrust

1 Karotte
1 grüne Paprikaschote, wahlweise auch 1 gelbe oder 1 rote
2 getrocknete Tomaten ohne Öl
1 Stange Sellerie
1 Kohlrabi
1 Hühnerbrust
Salz
Pfeffer aus der Mühle
1 TL Öl
1 kleine Dose Mais (250 g)
1 walnussgroßes Stück Butter

Zubereitungszeit: 35 Minuten

1. Für die pürierten Kräuter die Kräuter waschen, trockenschütteln und grob zerkleinern. Knoblauch oder Zwiebel abziehen und klein schneiden. Mit den Kräutern und dem Öl in ein hohes Gefäß geben und mit dem Stabmixer pürieren.

2. Für die Hühnerbrust die Karotte schälen und in Scheiben schneiden. Die Paprikaschote waschen, putzen und in Würfel und die getrockneten Tomaten in Streifen schneiden. Den Sellerie waschen, putzen und in Scheiben, den Kohlrabi schälen und in feine Stifte schneiden.

3. Die Hühnerbrust waschen, trockentupfen und einmal quer durchschneiden. Mit Salz und Pfeffer würzen. In einer Pfanne das Öl erhitzen und die Hühnerbrust darin anbraten. Wenden und auf der anderen Seite anbraten, dabei die obere Seite mit 1 Teelöffel der pürierten Kräuter bestreichen. Nochmals wenden, den Herd ausschalten und das Fleisch zugedeckt gar ziehen lassen.

4. Mais in ein Sieb geben und abtropfen lassen. Mit dem vorbereiteten Gemüse in eine Pfanne geben und 8 Minuten mitbraten, bis es bissfest ist. Die Butter unterrühren.

5. Das Gemüse ringförmig auf einem Teller anrichten. Die Hühnerbrust diagonal in Streifen schneiden und in die Mitte des Tellers legen.

Kartoffelpuffer mit Apfelmus

Zutaten für 2 Mädels

1 kg Kartoffeln
2 Eier
3 EL feine Haferflocken oder 2 EL Mehl
Salz
Pfeffer aus der Mühle
1 Zwiebel
Öl zum Anbraten
1 kleines Glas Apfelmus (370 g)

Zubereitungszeit: 30 Minuten

1. Die Kartoffeln schälen, fein reiben und in eine Schüssel geben. Kartoffelraspel ausdrücken, dann Eier und Haferflocken oder Mehl unter die Kartoffelmasse rühren. Mit Salz und Pfeffer würzen.

2. Die Zwiebel abziehen, ebenfalls fein reiben und unter die Kartoffelmasse heben, sodass alles gut vermischt ist.

3. Das Öl in einer Pfanne erhitzen. Anschließend mit einer Schöpfkelle zügig kleine Kleckse Kartoffelmasse in die Pfanne geben und die Puffer in dem Öl ausbacken. Erst wenden, wenn die Puffer braune Ränder bekommen. Jeden Puffer nur einmal wenden. Die Puffer möglichst heiß mit dem Apfelmus servieren.

Tipp: Kartoffelpuffer schmecken unserer Ansicht nach am besten, wenn es die ersten neuen Kartoffeln gibt. Denn diese oxidieren nicht so schnell, und die geriebene Kartoffelmasse verfärbt sich nicht bräunlich, sondern bleibt schön hell. Eine geriebene Zwiebel verhindert das Verfärben ebenso. Wunderbar schmecken die Puffer übrigens auch auf einem Butterbrot.

KATZENJAMMER

Es gibt sie einfach, diese Tage, an denen uns alles düster und zähflüssig erscheint. Die Stimmung, die Stunden, das ganze Leben. Wir frösteln, obwohl es definitiv nicht kalt ist. Wir haben latent schlechte Laune, obwohl es die Menschen um uns herum gut mit uns meinen. Wir wollen nicht aufstehen, denn wir ahnen schon: Heute kann es uns keiner recht machen. Aus unserem Innersten kriecht an solchen Tagen nur Selbstmitleid. Katzenjammer halt. Das Leben kann ja nicht schön sein - und man selbst schon gar nicht -, und mit Eile braucht uns heute eh keiner zu kommen, wenn ihm sein Leben lieb ist. Also bleibt uns nur der offensive Rückzug! An solchen Tagen sitzen wir in dicken Socken, Schlabberpulli und Jogginghose am liebsten vor dem Fernseher oder heulen uns bei einem schmalzigen Liebesroman die Augen aus. Sogar das Handy haben wir auf lautlos gestellt - wenn das kein schlechtes Zeichen ist.

Was uns bei Katzenjammer guttut, sind Wärme, Zuneigung und ein paar Endorphine. Wir brauchen etwas, woran wir uns festhalten können. Wir wollen etwas, das uns aufbaut, das uns von innen wärmt. Und das ist leckeres Essen.

Allen voran stehen an Katzenjammertagen heiße Suppen hoch im Kurs, dicke Eintöpfe und süße Mehlspeisen. Schokolade muss her, und zwar in rauen Mengen. Überhaupt dürfen bei Katzenjammer die Portionen ein bisschen größer sein, die Gerichte etwas gehaltvoller und die Nachspeisen schön süß. Wenn wir uns dazu aufraffen konnten, unseren Kuschelplatz auf dem Sofa zu verlassen und uns in die Küche zu schleppen, haben wir den tiefsten Tiefpunkt schon überwunden. Und wahrscheinlich werden wir an diesen Katzenjammertagen ein bisschen Freude dabei empfinden, wenn wir uns kulinarisch verwöhnen. Und wir werden auch kein schlechtes Gewissen dabei haben, über die Stränge zu schlagen und uns vollzufuttern. Schließlich kennen wir uns selbst gut genug, um zu wissen: Auch diese Katzenjammertage sind gezählt. Bald ist das Leben wieder schön - und eines Tages sogar mit Schmetterlingen im Bauch.

Apfel-Lauch-Suppe

Zutaten für 4 Mädels

2 Äpfel (am besten Boskop)
½ Stange Lauch ohne Grün
1 mittelgroße Zwiebel
20 g Butter
½ EL Mehl
60 ml Weißwein
600 ml Gemüsebrühe
100 ml Milch
100 g Sahne
Salz
Pfeffer aus der Mühle
Cayennepfeffer
1 Messerspitze Ingwerpulver
abgeriebene Schale von ½ Biozitrone
1–2 EL Crème fraîche

Zubereitungszeit: 30 Minuten

1. Die Äpfel schälen, vierteln, entkernen und grob würfeln. Den Lauch putzen, in dünne Ringe schneiden und waschen. Die Zwiebel abziehen und in kleine Würfel schneiden.

2. Die Butter in einem Topf zerlassen und Lauch sowie Zwiebelwürfel darin andünsten, bis beides glasig ist. Die Apfelwürfel hinzufügen und das Mehl unterrühren. Mit Weißwein ablöschen und mit Gemüsebrühe aufgießen. Milch und Sahne dazugeben und alles aufkochen lassen. Mit Salz, Pfeffer, Cayennepfeffer und Ingwerpulver würzen. Die Biozitronenschale dazugeben und die Suppe 20 Minuten schwach köcheln lassen. Anschließend mit dem Stabmixer pürieren.

3. Die Suppe vor dem Servieren noch einmal abschmecken, die Crème fraîche unterrühren und kurz aufmixen. Nach Belieben mit etwas gehackter Petersilie und selbst gemachten Croûtons (siehe S. 51) bestreuen.

CREMIGE MARONENSUPPE

Zutaten für 4 Mädels

400 g vorgegarte Maronen
2 Stangen Lauch ohne Grün (150 g)
100 g Knollensellerie
1 Knoblauchzehe
60 g Butter
Salz
Pfeffer aus der Mühle
150 ml Weißwein
¾ l Gemüsebrühe
200 g Sahne
1 EL Schnittlauch, fein geschnitten

Zubereitungszeit: 25 Minuten

1. Die Maronen in der Packung im Wasserbad fertig garen, aus der Packung nehmen und zerstampfen.

2. Den Lauch putzen, in Ringe schneiden und waschen. Den Sellerie schälen und in kleine Würfel schneiden. Die Knoblauchzehe abziehen und fein hacken.

3. Die Butter in einem Topf zerlassen und Lauch, Sellerie sowie Knoblauch darin anbräunen. Salzen und pfeffern. Mit Weißwein ablöschen und mit der Brühe auffüllen. Das Maronenpüree unterrühren und alles zugedeckt etwa 10 Minuten köcheln lassen. Dabei hin und wieder umrühren.

4. Die Suppe mit dem Stabmixer fein pürieren. Die Sahne angießen und die Suppe noch einmal aufkochen lassen. Je nach Bedarf oder gewünschter Konsistenz eventuell noch etwas Brühe hinzufügen. Mit Salz und Pfeffer abschmecken und mit dem Schnittlauch garnieren.

KAROTTEN-KARTOFFEL-SUPPE
MIT HACKBÄLLCHEN

ZUTATEN FÜR 2 MÄDELS

4 mittelgroße Karotten (250 g)
100 g mehligkochende Kartoffeln
100 g Knollensellerie
1 Gemüsezwiebel
3 EL Öl
½ l Gemüsebrühe
200 g Hackfleisch vom Rind
1 TL Magerquark
1 EL Semmelbrösel
Salz
Pfeffer aus der Mühle
je nach Bedarf ca. 200 ml Milch (1,5 % Fett)
1 EL gemischte Kräuter, z. B. Petersilie, Schnittlauch, Dill, frisch gehackt

TIPP: Mit ein paar Scheiben Weißbrot zum Tunken lässt sich die Suppe herrlich vertilgen. Das darf ruhig auch mal auf dem Sofa vor dem Fernseher passieren.

ZUBEREITUNGSZEIT: 35 MINUTEN

1. Karotten, Kartoffeln und Sellerie schälen und in Stücke schneiden, Zwiebel abziehen und würfeln. 2 Esslöffel Öl in einem Topf erhitzen und das Gemüse darin kurz anbraten. Mit Gemüsebrühe auffüllen und etwa 20 Minuten bei geringer Hitze köcheln lassen, bis das Gemüse weich ist.

2. In der Zwischenzeit Hackfleisch, Quark und Semmelbrösel miteinander verkneten. Mit Salz und Pfeffer würzen. Aus der Masse kleine Bällchen formen. Das restliche Öl in eine Pfanne geben und die Hackbällchen darin unter Wenden etwa 5 Minuten braten.

3. Das Gemüse mit dem Stabmixer pürieren. Sollte die Mischung zu breiig sein, mit Milch verdünnen. Mit Salz und Pfeffer abschmecken. Die Hackfleischbällchen in die Suppe geben und mit Kräutern bestreut servieren.

corso·com

SUSANNES WEINSUPPE
MIT CROÛTONS

Tipp: Je gehaltvoller der Wein, desto intensiver der Geschmack der Suppe. Außerdem schadet es am Abend eines Katzenjammertags auch nicht, sich ein schönes Glas Weißwein zu gönnen. Übrig gebliebene Croûtons kannst du – wenn sie kalt sind – in eine Keksdose oder Gefrierbox geben und diese gut verschließen. So halten sich die Croûtons ein paar Wochen wunderbar frisch.

Zutaten für 2 Mädels

Für die Croûtons

1 Scheibe Bauernbrot, Toastbrot oder anderes Brot, das schon etwas älter ist
1 Knoblauchzehe
100 ml Rapsöl
getrockneter Thymian oder Rosmarin
Salz
Pfeffer aus der Mühle

Für die Weinsuppe

2 Schalotten
3 EL Butter
1 EL Mehl
200 ml trockener Weißwein
600 ml Gemüsebrühe
250 g Sahne
Salz
Pfeffer aus der Mühle
Muskatnuss, frisch gerieben
Zimtpulver
1 EL frischer Majoran, ersatzweise getrockneter Majoran oder Petersilie

Zubereitungszeit: 20 Minuten

1. Für die Croûtons den Backofen auf 160 °C (Umluft 140 °C, Gas Stufe 1–2) vorheizen. Das Brot in kleine, mundgerechte Würfel schneiden. Knoblauch abziehen, durch die Presse drücken und mit dem Öl sowie Thymian oder Rosmarin vermischen. Über die Brotwürfel träufeln und alles gut vermengen, sodass jeder Würfel vom Öl benetzt ist. Die Würfel nebeneinander auf einem mit Backpapier belegten Backblech verteilen und 5 bis 10 Minuten im Ofen rösten. Mit Salz und Pfeffer abschmecken.

2. Für die Weinsuppe die Schalotten abziehen und in kleine Würfel schneiden. Die Butter in einem Topf zerlassen und die Schalotten darin andünsten. Achtung: Sie sollten keine Farbe annehmen! Mit dem Mehl bestäuben und unter ständigem Rühren mit dem Weißwein ablöschen. Kurz aufkochen lassen und anschließend mit der Gemüsebrühe auffüllen. Etwa 10 Minuten köcheln lassen, vom Herd nehmen und mit dem Stabmixer fein pürieren.

3. Die Sahne einrühren und mit Salz, Pfeffer, Muskatnuss sowie etwas Zimtpulver abschmecken. Vorsicht mit dem Zimtpulver, damit es im Geschmack nicht dominiert.

4. Die Suppe in zwei Suppenteller füllen und kurz vor dem Servieren mit den Croûtons sowie etwas Majoran oder Petersilie bestreuen.

BANDNUDELN
MIT LINSENCURRY

Zutaten für 4 Mädels
250 g Lauch
1 rote Paprikaschote
1 Knoblauchzehe
1 walnussgroßes Stück Ingwer
½ Bund Koriandergrün
2 EL Öl
1 TL gemahlene Kurkuma
1 TL gemahlener Kreuzkümmel (Cumin)
1 TL gemahlener Koriander
½ l Gemüsebrühe
200 g gelbe Linsen
400 g Bandnudeln
Salz
¼ l Kokosmilch
Cayennepfeffer

Zubereitungszeit: 35 Minuten

Tipp: Das Linsencurry kannst du prima einfrieren und als Suppe mit Kokosmilch verdünnt sehr gut wiederverwenden.

1. Lauch putzen, längs halbieren, waschen und in Ringe schneiden. Paprikaschote waschen, putzen und klein würfeln. Knoblauch abziehen, Ingwer schälen und beides fein hacken. Den Koriander waschen und trockenschütteln. Die Blättchen von den Stängeln zupfen und grob hacken.

2. Das Öl in einem Topf erhitzen und Knoblauch sowie Ingwer kurz darin anschwitzen. Mit Kurkuma, Kreuzkümmel und Koriander bestäuben und mit Brühe ablöschen. Paprika, Lauch und Linsen hinzufügen und alles zugedeckt etwa 10 Minuten köcheln lassen.

3. In der Zwischenzeit die Nudeln nach Packungsanleitung in reichlich Salzwasser bissfest garen.

4. Die Kokosmilch unter das Linsencurry rühren und weitere 5 Minuten köcheln lassen. Mit Salz und Cayennepfeffer abschmecken. Die Nudeln in ein Sieb abgießen, abtropfen lassen und auf vier Teller verteilen. Das Linsencurry darübergeben und mit gehackten Korianderblättern bestreut servieren.

KARTOFFEL-BOHNEN-EINTOPF
MIT ERDNÜSSEN UND KORIANDER

Zutaten für 4 Mädels

2 Dosen Kidneybohnen (480 g Abtropfgewicht)
4–5 mittelgroße Karotten (250 g)
450 g festkochende Kartoffeln
200 g Stangensellerie
2 EL Öl
60 g geröstete und gesalzene Erdnüsse
2 EL Erdnussbutter (crunchy)
1 l Gemüsebrühe
200 g geschälte Tomaten (aus der Dose)
½ Bund Koriandergrün
Salz
Pfeffer aus der Mühle

Zubereitungszeit: 45 Minuten

1. Die Bohnen in ein Sieb geben, unter kaltem Wasser abbrausen und abtropfen lassen. Karotten und Kartoffeln schälen und in 2 Zentimeter große Stücke schneiden. Sellerie waschen, putzen und in 2 Zentimeter lange Stücke schneiden.

2. Das Öl in einem Topf erhitzen und Karotten, Sellerie sowie Erdnüsse darin 2 bis 3 Minuten anbraten. Die Erdnussbutter untermischen und 1 Minute mitbraten. Mit Brühe ablöschen. Kartoffeln, Bohnen und Tomaten hinzufügen und alles zugedeckt etwa 30 Minuten köcheln lassen.

3. Den Koriander waschen und trockenschütteln. Die Blättchen von den Stängeln zupfen und fein hacken. Den Eintopf mit Salz und Pfeffer kräftig abschmecken und mit dem Koriander bestreut servieren.

Kichererbseneintopf
mit sechserlei Gemüse

Zutaten für 4 Mädels

1 Dose Kichererbsen (400 g Abtropfgewicht)
3 mittelgroße Zwiebeln
4 Knoblauchzehen
300 g festkochende Kartoffeln
1 Stück frischer Ingwer
2 Süßkartoffeln
3 Karotten
2 Zucchini
5 EL Rapsöl
400 g geschälte Tomaten (aus der Dose)
5–6 EL Petersilie, frisch gehackt
5–6 EL Koriander, frisch gehackt
2½–3 EL Salz
2 TL gemahlener Kreuzkümmel (Cumin)
½ TL gemahlene Kurkuma
¾ l Gemüsebrühe
¼ TL Cayennepfeffer

Zubereitungszeit: 45 Minuten

Tipp: Weil dieses Gericht etwas mehr Zeit in Anspruch nimmt, solltest du dir davon die Laune nicht noch mehr verderben lassen. Lass dich nicht hetzen, sondern nimm es als Zeit für dich und verwöhne dich beim Kochen am Abend z. B. mit einem kleinen Aperitif.

1. Die Kichererbsen in ein Sieb geben, kalt abbrausen und abtropfen lassen. Zwiebeln und Knoblauch abziehen und sehr fein hacken. Kartoffeln schälen und in etwa 2,5 Zentimeter große Stücke schneiden. Ingwer schälen und fein reiben.

2. Süßkartoffeln und Karotten schälen, längs halbieren und in 2,5 Zentimeter lange Stücke schneiden. Zucchini waschen, putzen, längs halbieren und ebenfalls in 2,5 Zentimeter große Stücke schneiden.

3. In einem großen Topf das Öl bei mittlerer Hitze erwärmen. Die Zwiebeln darin leicht anbräunen. Den Knoblauch hinzufügen und in etwa 1 Minute darin goldgelb werden lassen. Kichererbsen, Tomaten, Kartoffeln und Ingwer sowie Kräuter und Gewürze – außer dem Cayennepfeffer – hinzugeben und mit der Gemüsebrühe auffüllen. Aufkochen und anschließend 20 Minuten zugedeckt köcheln lassen.

4. Süßkartoffeln und Karotten hinzufügen. Aufkochen und zugedeckt weitere 10 Minuten köcheln lassen. Die Zucchinistücke dazugeben und so lange köcheln lassen, bis sie gar, aber nicht zu weich sind. Mit Cayennepfeffer abschmecken, heiß servieren.

Griessbrei klassisch
mit Pflaumenkompott

Zutaten für 2 Mädels

Für das Pflaumenkompott

1 kg Pflaumen
125 g brauner Rohrzucker
¼ l roter Saft, z. B. Pflaumensaft, Kirschsaft
1 Zimtstange (5 cm)
1 Sternanis

Für den Griessbrei

½ l Milch
2 EL Zucker
1 Prise Salz
etwas abgeriebene Schale von 1 Biozitrone, ersatzweise 1 Spritzer Zitronenaroma
80 g Grieß
1 Ei
3 EL Milch

Zubereitungszeit: 30 Minuten + 15 Minuten Abkühlzeit

Tipp: Der Brei schmeckt je nach Gelüsten auch nur mit brauner Butter, Zucker und Zimt lecker. Und statt Kompott kannst du auch frische Früchte wie Erdbeeren, Kirschen, Himbeeren oder Pfirsiche verwenden.

1. Für das Pflaumenkompott die Pflaumen waschen, halbieren und entsteinen. Das geht etwas flotter mit einem Entkerner, den du vielleicht fürs Backen von Pflaumenkuchen in deiner Schublade hast.

2. Den Rohrzucker in einen Topf geben und bei geringer Hitze karamellisieren lassen. Pflaumen, Saft und Gewürze hinzufügen und 15 Minuten köcheln lassen. Anschließend Zimtstange und Sternanis entfernen und Kompott abkühlen lassen.

3. Für den Grießbrei die Milch mit Zucker, Salz und Zitronenschale in einen Topf geben und zum Kochen bringen. Die Hitze reduzieren und den Grieß unter Rühren einstreuen. Bei sehr geringer Hitze etwa 10 Minuten quellen lassen.

4. Das Ei trennen und das Eigelb in etwas Milch verrühren. Das Eiweiß steif schlagen und beides nacheinander unter den Brei heben. Diesen in zwei tiefe Teller oder Kompottschalen füllen, einen großen Klecks Pflaumenkompott daraufgeben und mit einer guten Freundin bei einem schönen Schnulzenfilm verspeisen.

Kopf hoch.

KARAMELLISIERTER KAISERSCHMARRN
MIT APFELKOMPOTT

Zutaten für 2 Mädels

Für das Apfelkompott
4 Äpfel (am besten Boskop)
2–3 EL Zucker
Saft von ½ Biozitrone

Für den Kaiserschmarrn
30 g Rosinen
Rum, Portwein oder Apfelsaft zum Einlegen der Rosinen
4 Eier (Größe L)
200 ml Milch
120 g Mehl
abgeriebene Schale von ½ Biozitrone
1 Päckchen Vanillezucker
1 Prise Salz
80 g Zucker
60 g Butterschmalz
Puderzucker zum Bestäuben

Zubereitungszeit: 35 Minuten + 12 Stunden Einweichzeit

1. Für das Apfelkompott die Äpfel schälen, vierteln und entkernen. Jedes Viertel noch einmal dritteln, sodass gleichmäßige, nicht zu kleine Spalten entstehen.

2. Den Boden eines mittleren Topfs mit Wasser bedecken, die Äpfel hineingeben und das Wasser zum Kochen bringen. Zugedeckt etwa 5 Minuten kochen lassen, bis die Äpfel zerfallen. Dann Zucker und Zitronensaft unterrühren, damit sich die Äpfel nicht verfärben.

3. Für den Kaiserschmarrn die Rosinen in Rum, Portwein oder Apfelsaft einlegen und mehrere Stunden durchziehen lassen.

4. Die Eier trennen. Das Eigelb mit Milch, Mehl, Zitronenschale und Vanillezucker schaumig schlagen. Das Eiweiß mit Salz steif schlagen. Dabei allmählich 30 Gramm Zucker einrieseln lassen. Wenn das Eiweiß cremig ist, unter die Eigelbmasse heben.

5. Das Butterschmalz in einer flachen Pfanne erhitzen, den restlichen Zucker auf den Pfannenboden streuen und leicht karamellisieren lassen. Anschließend die Eimasse in die Pfanne gießen, dabei die Hitze stark reduzieren. Mit den Rosinen – ohne die Flüssigkeit – bestreuen. Nach 2 bis 3 Minuten den Teig wenden und den Schmarrn mit zwei Gabeln in Stücke reißen. Auf zwei großen Tellern anrichten, mit Puderzucker bestäuben und mit dem Apfelkompott servieren.

SCHOKOLADENCREME MIT MANGO
UND SCHWEINSÖHRCHEN

ZUTATEN FÜR 4 MÄDELS

2 Tafeln Bitterschokolade à 100 g
4 EL Butter
300 g Sahne
1 Prise Salz
1 reife Mango
12 Schweinsöhrchen (Blätterteiggebäck aus dem Supermarkt)

ZUBEREITUNGSZEIT: 20 MINUTEN

1. Die Schokolade in kleine Stücke brechen, mit Butter, Sahne und Salz in eine Metallschüssel geben und über einem heißen Wasserbad schmelzen lassen.

2. In der Zwischenzeit die Mango schälen, mit dem Mangoschneider halbieren und die Hälften quer in feine Streifen schneiden.

3. Die geschmolzene Schokolade glatt rühren und in vier Espressotassen füllen. Die Mangostreifen auf vier Desserttellern drapieren, jeweils eine Espressotasse dazustellen und jeweils 3 Schweinsöhrchen dazulegen. Lecker!

TIPP: Das Fruchtfleisch der Mango vom Kern zu schneiden, ohne dabei eine ungeheure Sauerei anzurichten, ist für Ungeübte nicht einfach. Deshalb lohnt sich hier die Investition in einen guten Mangoschneider. Einfach die Mango vorher schälen, unten ein bisschen Schale beim Stielansatz stehen lassen. Die Mango auf den Stielansatz stellen und den Mangoschneider am Kern entlang nach unten drücken.

KICHERN ERLAUBT!

Warum wir Mädels eigentlich immer im Rudel oder zumindest zu zweit aufs Klo gehen, haben die Jungs schon längst aufgehört zu hinterfragen. Verstehen sie eh nicht. Wir wissen es aber ganz genau. Stimmt's, Mädels? Eben!

Aber weil wir inzwischen einfach sehr viel mehr Zeit brauchen, um uns zu bequatschen oder uns der Alltag nicht mehr genügend Zeit lässt, ständig unterwegs zu sein, machen wir den Mädelsabend. Das heißt: Wir besten Freundinnen treffen uns zu Hause, und dann wird geredet, gekichert, geredet, gekichert. Der neueste Tratsch wird weitergetragen, die Kerle werden analysiert. Die Konkurrenz wird abgeklopft, die Karriere vorangetrieben, der Chef auseinandergenommen. Zukunftspläne werden geschmiedet, Kleider getauscht, Tipps weitergegeben, Trends beurteilt. Urlaubspläne gemacht, Flirts gebeichtet, Frisöre verglichen. Oder einfach mal aus dem Nähkästchen plaudern. Und wenn eine von uns mit Kummer ankommt, wird sie ohne ihn wieder nach Hause gehen.

Weil wir bei so viel Geplapper weder auf dem Trockenen sitzen noch öde Salzstangen oder olle Chips knabbern wollen, darf jede von uns kleine Köstlichkeiten für ein Minibüfett mitbringen. Am besten feine Happen, die wir uns mit den Fingern stibitzen, leichte Salate, die wir mit exotischen Dressings verfeinern, oder feurige Süppchen, die wir aus kleinen Gläsern trinken. Und weil diese Abende lang werden und die Portionen nicht groß sein müssen, dürfen es gern ein paar kleine Kleinigkeiten mehr sein. Schließlich geht es hier ums Kosten und Verköstigen, ums Ausprobieren und Anbieten. Kalorien zählen werden wir erst wieder am nächsten Tag. Deshalb stört es uns auch nicht, wenn neben Salat, Quiche oder Polenta auch ein fetter Kuchen steht, den wir ganz bestimmt nicht verachten werden. Und wenn was übrig bleibt, darf jede etwas mitnehmen. Denn am nächsten Tag schmeckt es meist noch genauso gut.

TORTILLA DE PATATAS

Zutaten für 4–6 Mädels

1 kg festkochende Kartoffeln

1 mittelgroße Zwiebel

¼ l + 3 EL Öl

2 TL Salz

6 Eier

100 ml Milch

Zubereitungszeit:
1 Stunde 10 Minuten

Tipp: Die Tortilla schmeckt warm und kalt. Toll dazu passt Salat oder Ratatouille. Für den Mädelsabend schneidest du die Tortilla in mundgerechte Stücke und pikst je ein Holzstäbchen mit 1 Olive, 1 Dattelkirsche oder 1 Thunfischstückchen hinein. Du wirst sehen, wie schnell die Tortilla von deinen Freundinnen weggeputzt wird.

1. Die Kartoffeln mit der Schale gar kochen, abkühlen lassen, pellen und in Scheiben schneiden. Die Zwiebel abziehen und fein hacken.

2. In einer beschichteten Pfanne (ca. 25 Zentimeter Durchmesser) ¼ Liter Öl erhitzen. Die Kartoffelscheiben hineingeben und mit 1 Teelöffel Salz würzen. Unter mehrmaligem Wenden hellbraun kross braten. Nach 5 Minuten die fein gehackten Zwiebeln hinzufügen und gut vermengen.

3. Nach 15 Minuten die Kartoffeln in ein großes Sieb geben. Überflüssiges Öl abtropfen und die Kartoffeln abkühlen lassen. Mit dem Stabmixer Eier, Milch und restliches Salz schaumig schlagen. Die gebratenen Kartoffeln vorsichtig unter die Eiermasse heben.

4. 3 Esslöffel Öl in die Pfanne geben und erhitzen. Die Kartoffel-Eier-Masse hineingießen, mit einem Spachtel gleichmäßig verteilen. Bei mäßiger Hitze stocken lassen. Dabei die Pfanne gelegentlich schütteln, damit die Masse nicht kleben bleibt.

5. Wenn die Masse fest, jedoch nicht trocken ist – das dauert einige Minuten –, die Pfanne mit einem großen, flachen Teller bedecken, mit zwei Topflappen Pfanne und Teller fest zusammendrücken und mit einem beherzten Schwung umdrehen, sodass die Kartoffeltortilla auf dem Teller liegt. Diese dann vorsichtig wieder in die Pfanne gleiten lassen und weitere 3 bis 5 Minuten braten. Die Tortilla vor dem Servieren noch etwas ruhen lassen.

Die Tortilla ist auf Seite 65 links abgebildet.

GAMBAS AL AJILLO

Tipp: Die Ölsauce mit dem Weißbrot aufzutunken ist einfach zu köstlich! Dieses Gericht kannst du problemlos auch mit Tiefkühlgarnelen zubereiten. Dafür lässt du die Garnelen vorher auftauen und abtropfen.

Zutaten für 4 Mädels

500 g küchenfertige geschälte Garnelen ohne Kopf, je nach Größe 3–10 Stück pro Person
1 Knoblauchknolle
1 Chilischote
100 ml neutrales Öl, z. B. Sonnenblumenöl oder Rapsöl
grobes Meersalz
2 EL Petersilie, frisch gehackt
1 Stange Weißbrot

Zubereitungszeit: 20 Minuten

1. Den Backofen auf 200 °C (Umluft 180 °C, Gast Stufe 3–4) vorheizen. Die Garnelen waschen und abtropfen lassen. Den Knoblauch abziehen und in Scheiben schneiden. Die Chilischote waschen, längs halbieren, entkernen und in hauchdünne Streifen schneiden.

2. Knoblauchscheiben, Chilistreifen und Garnelen mit dem Öl in eine flache, feuerfeste Form legen. Mit grobem Meersalz bestreuen und 10 bis 12 Minuten im Ofen garen.

3. Mit der gehackten Petersilie bestreuen und brutzelnd heiß mit Weißbrot servieren.

Die Gambas sind auf Seite 65 rechts in der Mitte abgebildet.

DATTELN IM SPECKMANTEL

Zutaten für 4 Mädels

10 Scheiben Speck
20 Datteln ohne Stein

Zubereitungszeit: 20 Minuten

1. Den Backofen auf 180 °C (Umluft 160 °C, Gas Stufe 2–3) vorheizen. Den Speck quer halbieren und die Datteln damit umwickeln. Mit der »Nahtseite« nach unten auf ein mit Backpapier ausgelegtes Backblech legen.

2. Die Datteln im Speckmantel 15 Minuten auf der mittleren Schiene im Ofen backen. Auf einem Teller anrichten und mit kleinen Holzspießchen versehen. Sie sollten lauwarm gegessen werden.

Die Datteln im Speckmantel sind auf Seite 65 rechts unten abgebildet.

Patatas Bravas mit Aioli

Zutaten für 4 Mädels

Für die Aioli

1 Knoblauchzehe

1 Ei

1 TL mittelscharfer Senf

Salz

Pfeffer aus der Mühle

1 EL Weißweinessig

¼ l Öl

4–5 EL lauwarme Milch

Für die Kartoffeln

500 g mittelgroße Kartoffeln

1 Flasche Rapsöl (750 ml)

grobes Meersalz

Zubereitungszeit: 30 Minuten

Tipp: Du erkennst, dass das Öl heiß genug ist, wenn du einen Holzspieß oder den Holzstiel eines Kochlöffels in das Öl hältst und sich kleine Bläschen bilden. Damit die Patatas bravas oder sonstige Pommes aus frischen Kartoffeln perfekt werden, müssen sie unbedingt zweimal frittiert werden. So kannst du sie aber auch toll vorbereiten.

1. Für die Aioli den Knoblauch abziehen und mit Ei, Senf sowie Salz, Pfeffer und Essig in ein hohes Gefäß geben. Mit dem Stabmixer pürieren. Dabei das Öl langsam in einem dünnen Strahl hineinfließen lassen und so eine Mayonnaise herstellen. Falls dir die Aioli zu dick erscheint, mit etwas Milch verdünnen.

2. Für die Kartoffeln die Kartoffeln schälen, der Länge nach halbieren und quer 3- bis 4-mal durchschneiden. Anschließend waschen und mit Küchenpapier trockentupfen.

3. Das Öl in einer tiefen Pfanne auf 180 °C erhitzen (siehe Tipp). Die Kartoffelstückchen in zwei Portionen 5 bis 8 Minuten frittieren. Dabei immer wieder durchrütteln. Die frittierten Kartoffeln auf Küchenpapier vollständig auskühlen lassen.

4. Kurz vor dem Servieren das Öl erneut erhitzen und die Kartoffeln ein zweites Mal frittieren. Du wirst sehen, dass die Patatas bravas jetzt ganz schnell bräunen. Mit einer Schaumkelle aus dem Öl nehmen und auf vier kleine Vorspeisenteller verteilen. Mit grobem Meersalz bestreuen und mit der Aioli servieren.

Die Patatas bravas sind auf Seite 65 rechts oben abgebildet.

THAI-SUPPE MIT ANANAS
UND HÜHNERBRUSTSPIESS

Zutaten für 6 Mädels

1 Stück Ingwer (ca. 5 cm)
4 Stiele Zitronengras
1 Knoblauchzehe
1 Bund Koriandergrün mit Wurzeln (aus dem Asialaden)
1 l Kokosmilch
1 Dose Ananas in Stücken (565 g Abtropfgewicht)
½ l Hühnerbrühe
Tom-Ka-Paste (aus dem Asialaden)
Squid-Fish-Sauce (Fischsauce aus dem Asialaden)
½ Hühnerbrust
Sojasauce
Öl zum Braten
Thai-Limetten (aus dem Asialaden)

Tipp: Die Squid-Fish-Sauce gilt in Asien als Salzersatz (siehe auch Tipp S. 108). Deshalb musst du die Suppe nicht noch zusätzlich mit Salz würzen.

Zubereitungszeit: 50 Minuten

1. Ingwer schälen und halbieren. Das Zitronengras von den harten Außenblättern befreien; das untere Ende der Stiele etwas flach klopfen, damit sich das Aroma entfalten kann. Knoblauch abziehen. Koriander waschen und trockenschütteln. Die Wurzeln abschneiden und aufbewahren, die Blättchen von den Stängeln zupfen.

2. Kokosmilch, Ananasstücke samt Flüssigkeit und Hühnerbrühe in einen großen Topf geben, Ingwer, Zitronengras, Knoblauch und Korianderwurzeln sowie 1 Teelöffel Tom-Ka-Paste hinzufügen. Aufkochen und 20 Minuten köcheln lassen.

3. Den Topf vom Herd nehmen. Mit einem Schaumlöffel Ingwer, Zitronengras und Korianderwurzel aus der Suppe nehmen. Die Suppe anschließend mit dem Stabmixer pürieren und durch ein Sieb in einen anderen Topf gießen. Diesen wieder auf den Herd stellen und die Suppe heiß halten. Mit der Squid-Fish-Sauce abschmecken.

4. Die Hühnerbrust waschen, trockentupfen, in dünne Streifen schneiden und ziehharmonikaähnlich auf Holzstäbchen stecken. In eine Schüssel legen, mit Sojasauce bedecken und etwa 10 Minuten darin ziehen lassen. In einer Pfanne das Öl erhitzen und die Spießchen ohne die Marinierflüssigkeit unter mehrmaligem Wenden darin braten. Zur Suppe reichen. Die Thai-Limetten waschen, trockenreiben, achteln und ebenfalls zur Suppe reichen. Vor dem Servieren die Suppe mit den Korianderblättchen bestreuen.

Sommerliche Zitronen-Linsen-Suppe

Zutaten für 4 Mädels

1 kleine Zwiebel
1 Knoblauchzehe
1 Bund glatte Petersilie
1 Zitrone
4 EL Öl
½ TL Ras el-Hanout
300 g gelbe Linsen
½ l Gemüsebrühe
½ l Kokosmilch
Salz
Pfeffer aus der Mühle
1 Prise Zucker
150 g Sauerrahm

Zubereitungszeit: 30 Minuten

Tipp: Ras el-Hanout – manchmal findet sich auch die Schreibweise Raz el-Hanout – ist eine Gewürzmischung, die überwiegend in der marokkanisch-afrikanischen Küche zu Hause ist. Sie setzt sich in der Regel aus Koriander, Ingwer, Kreuzkümmel, Kurkuma, Pfeffer, Zimt, Kardamom, Lorbeer und Nelke zusammen und verleiht den Speisen eine exotische Note. Du findest das Gewürz in gut sortierten Supermärkten.

1. Zwiebel und Knoblauch abziehen und fein hacken. Petersilie waschen und trockenschütteln. Die Blättchen von den Stängeln zupfen; einige Blättchen beiseitelegen, den Rest fein hacken. Die Zitrone schälen – dabei die weiße Haut möglichst vollständig entfernen – und filetieren (siehe S. 92).

2. Das Öl in einem Topf erhitzen und Zwiebel, Knoblauch sowie Ras el-Hanout darin kurz anrösten. Linsen, Gemüsebrühe, Kokosmilch und Zitronenfilets hinzufügen und alles etwa 15 Minuten bei mittlerer Hitze leicht köcheln lassen.

3. Den Topf vom Herd nehmen. Die Suppe mit Salz, Pfeffer und Zucker abschmecken. Den Sauerrahm dazugeben. Mit dem Stabmixer pürieren und die fein gehackte Petersilie unterrühren.

4. Die Suppe auf vier Suppenteller verteilen und mit den beiseitegelegten Petersilienblättchen garniert servieren.

KARTOFFELGRATIN AN SOMMERSALAT

Zutaten für 4–6 Mädels

Für das Kartoffelgratin

1 Knoblauchzehe
75 g Butter
1 kg festkochende Kartoffeln
Salz
Pfeffer aus der Mühle
Muskatnuss, frisch gerieben
¼ l Milch
250 g Sahne

Für den Sommersalat

ca. 1 kg gemischter Salat, z. B. Lollo verde, Rucola, Brunnenkresse
300 g Kirschtomaten
1 Bund Radieschen
Saft von 1 Limette
1 TL Honig
Salz
Pfeffer aus der Mühle
6 EL Sesamöl
1 EL Minze, frisch gehackt

Tipp: Das aromatische Sesamöl hat die Farbe von Bernstein. Es wird aus weißen gerösteten Sesamsamen gepresst und hat ein kräftiges Nussaroma. Es eignet sich nicht zum Braten, weil es sofort bitter wird. Als Würze findet man es in vielen asiatischen Gerichten. Am besten bewahrst du es an einem dunklen, kühlen Ort auf, jedoch nicht im Kühlschrank, da es sonst trüb wird.

Zubereitungszeit: 1 Stunde 20 Minuten

1. Für das Kartoffelgratin den Backofen auf 180 °C (Umluft 160 °C, Gas Stufe 2–3) vorheizen. Knoblauch abziehen und halbieren. Eine Auflaufform damit einreiben und die Form anschließend dick mit Butter ausstreichen.

2. Kartoffeln schälen, in dünne Scheiben schneiden und schichtweise in die Form legen. Jede Schicht mit Salz, Pfeffer und Muskatnuss würzen. Die Milch langsam erhitzen und mit der Sahne verrühren. Über die Kartoffeln gießen – sie müssen vollständig von der Milch-Sahne-Sauce bedeckt sein. Die restliche Butter in Flöckchen daraufsetzen. Das Gratin 1 Stunde bis 1 Stunde 15 Minuten im Ofen backen. 10 Minuten vor Ende der Garzeit die Temperatur auf 200 °C (Umluft 180 °C, Gas Stufe 3–4) erhöhen, um die oberste Kartoffelschicht zu bräunen.

3. Für den Sommersalat den Salat waschen, trockenschleudern und klein zupfen. Die Tomaten waschen, vom Stielansatz befreien und halbieren. Die Radieschen waschen, putzen und ebenfalls halbieren. Alles in einer großen Schüssel anrichten.

4. Für das Dressing 2 Esslöffel heißes Wasser, Limettensaft und Honig verrühren und mit Salz und Pfeffer würzen. Das Öl hinzufügen und alles zu einem sämigen Dressing verrühren. Über den Salat geben, den Salat durchmischen und mit der Minze bestreut servieren.

POLENTA-GEMÜSE-TALER

AUF SALAT MIT TOMATENVINAIGRETTE

Zutaten für 6 Mädels

Für den Salat mit Tomatenvinaigrette

200 g gemischter Salat, z. B. Romanasalat, Eichblattsalat, Rucola, Chicorée, Mangold, Feldsalat, junge Spinatblätter, essbare Blüten (siehe S. 11)
½ Knoblauchzehe
1½ EL Balsamicoessig
7 EL Olivenöl
1 TL Tomatenmark
Salz
Pfeffer aus der Mühle
1 EL gemischte Kräuter, z. B. Petersilie, Schnittlauch, frisch gehackt

Für die Polenta-Gemüse-Taler

1 Schalotte
je 1 rote und grüne Paprikaschote
2 Karotten
5–6 getrocknete Tomaten ohne Öl
4 EL Öl
½ l Milch
½ l Gemüsebrühe
250 g Instantpolenta
6 EL Parmesan, frisch gerieben
2 EL kalte Butter
Salz
Pfeffer aus der Mühle
Muskatnuss, frisch gerieben
Öl zum Braten

Zubereitungszeit: 45 Minuten

1. Den Salat waschen, trockenschleudern und klein zupfen. Knoblauch abziehen und sehr fein hacken. Mit 1½ Esslöffel heißem Wasser, Essig, Öl und Tomatenmark in ein hohes Gefäß geben und mit dem Stabmixer sahnig pürieren. Salzen, pfeffern und die Kräuter unterrühren. Den Salat mit Tomatenvinaigrette beträufelt anrichten.

2. Für die Polenta-Gemüse-Taler die Schalotte abziehen und fein würfeln. Paprikaschoten waschen, putzen und in kleine Würfel schneiden. Karotten schälen und ebenso wie die getrockneten Tomaten fein würfeln.

3. In einem Topf das Öl erhitzen und die Gemüsewürfel unter Rühren etwa 5 Minuten darin anbraten. Die Milch mit der Gemüsebrühe vermischen und das Gemüse damit ablöschen. Anschließend die Polenta einrieseln lassen. Alles mit einem großen Schneebesen 1 bis 1½ Minuten verrühren, bis die Polenta zu quellen beginnt. Den Topf vom Herd nehmen und die Polenta zugedeckt 10 Minuten quellen lassen. Anschließend Parmesan und Butter unterrühren und mit Salz, Pfeffer sowie Muskatnuss würzen.

4. Ein großes Küchenbrett mit Backpapier belegen und die Polentamasse darauf verteilen. Glatt streichen und auskühlen lassen. Mit einer Plätzchenform oder einem Glas Taler ausstechen und diese in einer Pfanne in wenig Öl goldgelb braten. Auf dem Salat anrichten und nach Belieben noch mit etwas Tomatenvinaigrette beträufeln.

TIPP: Die Polentataler passen auch hervorragend zu geschmortem Fleisch. Du kannst sie getrost 2 bis 3 Tage vorher zubereiten, in Frischhaltefolie im Kühlschrank aufbewahren und kurz vor dem Servieren goldgelb braten. Im Sommer essen wir Mädels gern und viel Salat. Deshalb kaufst du am besten von jedem Salat einen Kopf. Er hält sich auch wunderbar frisch - mindestens drei Tage -, wenn du ihn gewaschen und trockengeschleudert im Gemüsefach aufbewahrst.

TOMATENQUICHE MIT ZIEGENKÄSE

Zutaten für 1 Quiche

Für den Teig

150 g kalte Butter
250 g Mehl
1 Prise Salz
Mehl für die Arbeitsfläche
Butter für die Form

Für den Belag

1 kg Eiertomaten
1 TL Kräuter der Provence
1 TL gerebelter Oregano
200 g Ziegenfrischkäse
1 TL grober Dijonsenf
Pfeffer aus der Mühle
2 EL fester Ziegenkäse, frisch gerieben
4 EL Olivenöl
grobes Meersalz

Zubereitungszeit: 1 Stunde 10 Minuten

TIPP: Die Kräuter der Provence kannst du dir auch selbst mischen. Dazu benötigst du zu gleichen Teilen jeweils getrocknete und gerebelte Kräuter wie Basilikum, Thymian, Kerbel, Petersilie, Majoran, Estragon, Rosmarin, Oregano und Lavendel. Wenn dir der Lavendelgeschmack zu intensiv ist, kannst du ihn auch weglassen.

1. Für den Teig die Butter in Stückchen schneiden. Diese rasch mithilfe der Fingerspitzen mit dem Mehl, dem Salz und 5 Esslöffel kaltem Wasser zu einem Teig verkneten. Den Teig auf einer mit Mehl bestäubten Arbeitsfläche rund ausrollen. Die Quicheform mit Butter ausstreichen, den Teig hineinlegen und kühl stellen. Den Backofen auf 200 °C (Umluft 180 °C, Gas Stufe 3–4) vorheizen.

2. Für den Belag die Tomaten oben kreuzweise einritzen, mit kochendem Wasser überbrühen, häuten und vierteln. Dabei die Stielansätze und Kerne entfernen. Die Hälfte der Kräuter der Provence mit dem Oregano mischen und mit dem Ziegenfrischkäse sowie dem Dijonsenf verrühren. Mit Pfeffer würzen.

3. Die Käsecreme auf dem Quicheteig verteilen, mit den Tomaten belegen und mit dem geriebenen Ziegenkäse bestreuen. Pfeffern und mit 2 Esslöffel Olivenöl beträufeln. Die Quiche 40 Minuten im Ofen backen und vor dem Servieren mit den restlichen Kräutern der Provence sowie etwas Pfeffer und grobem Meersalz bestreuen. Das restliche Olivenöl darüberträufeln.

SCHOKO-HIMBEER-KUCHEN

ZUTATEN FÜR 1 KUCHEN (22 CM Ø)

200 g Bitterschokolade oder Kuvertüre
125 g gesalzene Butter
250 g Himbeeren (frisch oder tiefgekühlt)
Butter und Mehl für die Form
100 g Mehl
3 Eier
1 Prise Salz
150 g Zucker
1 TL Zitronensaft, frisch gepresst
nach Belieben frische Himbeeren
und Kakaopulver zum Dekorieren
125 g Sahne
1 Päckchen Vanillezucker

TIPP: Die Himbeeren musst du unbedingt vor dem Backen in den Teig geben, da der Kuchen sonst zu trocken wird.

ZUBEREITUNGSZEIT: 1 STUNDE 10 MINUTEN

1. Den Backofen auf 180 °C (Umluft 160 °C, Gas Stufe 2–3) vorheizen. Die Schokolade in kleine Stücke brechen und in eine Metallschüssel geben. Die Butter in Stücke schneiden und zur Schokolade geben. Über dem heißen Wasserbad ohne zu rühren schmelzen lassen.

2. Frische Himbeeren verlesen, möglichst nicht waschen. Tiefgekühlte Himbeeren in ein Sieb geben und über einer Schüssel antauen lassen. Dabei den Saft auffangen. Die Backform mit Butter ausstreichen und mit Mehl bestäuben.

3. Butter und Schokolade nun gut verrühren, vom Wasserbad nehmen und abkühlen lassen. Das Mehl sieben, die Eier trennen. Das Eiweiß mit dem Salz steif schlagen und kühl stellen. Die Eigelbe verquirlen, mit 100 Gramm Zucker schaumig schlagen und mit dem gesiebten Mehl vermengen. Die Butter-Schoko-Masse mit dem Teig verrühren und anschließend den Eischnee unterheben. Zum Schluss 150 Gramm Himbeeren und eventuell den Himbeersaft vorsichtig untermengen. Den Teig in die Form füllen und 30 Minuten im vorgeheizten Ofen backen. Den fertigen Kuchen auf einem Kuchengitter abkühlen lassen.

4. Die restlichen Himbeeren mit dem restlichen Zucker und dem Zitronensaft fein pürieren und den Kuchen damit bestreichen. Nach Belieben noch mit ganzen frischen Himbeeren garnieren und mit Kakaopulver bestäuben. Die Sahne mit dem Vanillezucker steif schlagen und zum Kuchen servieren.

POLENTARAUTEN MIT ZIMT UND ZUCKER

Zutaten für 4 Mädels

½ Vanilleschote
400 ml Milch
1 Prise Salz
100 g Zucker
4–5 EL Butter
100 g Instantpolenta
2 Eier
Mehl zum Wenden
½ TL Zimtpulver

Zubereitungszeit: 2 Stunden 30 Minuten

1. Das Mark aus der ½ Vanilleschote herausschaben und mit der Schote sowie der Milch in einem Topf kurz aufkochen. Salz, 1 Esslöffel Zucker und 1 bis 2 Esslöffel Butter hinzufügen. Die Vanilleschote aus der Milch nehmen und die Polenta unter Rühren einrieseln lassen. Einmal kurz aufkochen und anschließend etwa 5 Minuten quellen lassen.

2. Ein großes Küchenbrett mit Backpapier belegen und die Polentamasse gleichmäßig darauf verteilen. Glatt streichen und mindestens 2 Stunden auskühlen lassen.

3. Die Polenta in etwa 4 Zentimeter lange Rauten schneiden. Die Eier in einem tiefen Teller mit 1 Esslöffel Zucker verquirlen. Mehl zum Wenden in einen zweiten tiefen Teller geben.

4. Die restliche Butter in einer beschichteten Pfanne erhitzen. Die Polentarauten erst in Mehl wenden und dann durch die Eier ziehen. Auf beiden Seiten in 2 bis 3 Minuten goldbraun braten und anschließend auf Küchenpapier abtropfen lassen. Den restlichen Zucker mit dem Zimt mischen und die Schnitten vor dem Servieren darin wenden.

GEBACKENE NEKTARINEN

ZUTATEN FÜR 6 MÄDELS

1 Vanilleschote

1 EL Honig

6 reife Nektarinen

1 EL Zitronensaft, frisch gepresst

40 g Butter

ZUBEREITUNGSZEIT: 40 MINUTEN

1. Den Backofen auf 180 °C (Umluft 160 °C, Gas Stufe 2–3) vorheizen. Die Vanilleschote längs aufschlitzen und das Mark herauskratzen. Mit dem Honig verrühren.

2. Die Nektarinen waschen, trockenreiben, halbieren und entsteinen. Die Nektarinenhälften in eine feuerfeste Form legen und mit Zitronensaft beträufeln. Den Vanillehonig auf die Nektarinen streichen und die Butter in kleinen Flöckchen auf dem Obst verteilen.

3. Die Nektarinen 20 bis 30 Minuten im Ofen backen. Etwas abkühlen lassen und servieren – nach Belieben mit einer Kugel Vanille- oder Schokoeis. Schmeckt einfach himmlisch!

SCHMETTERLINGE IM BAUCH

Oje, wir sind verliebt! Mr. Right ist plötzlich in unser Leben gehopst und hat sich darin herrlich breitgemacht. Müssten wir uns selbst jetzt beschreiben, dann wären wir wohl einfach ziemlich Banane im Kopf.

Und unser Magen? Der ist zugegebenermaßen ziemlich klein. Klein wie eine Walnuss. Der winzige Platz, der eventuell noch frei wäre, ist mit Tausenden von Schmetterlingen besetzt. Und die flattern wie bekloppt. Na toll. Nur: Wie soll jemand, der keinen Appetit hat, den anderen bekochen??

Aber - und hier denken wir an Großmutter, die einfach immer einen Rat wusste - Liebe geht durch den Magen. Warum? Weil Männer es lieben, wenn Frauen Spaß am Essen haben! Wirklich kaum ein Mann findet eine Frau sexy, die mit spitzen Zähnen stundenlang an einem Salatblatt nagt und andauernd betont, dass sie auf ihre Figur achten muss. Natürlich sollten wir jetzt nicht vier Portionen Spaghetti verschlingen und auch noch die Reste von seinem Teller klauen. Wenn wir aber zeigen, dass wir keine Ess-Zicken sind, sondern robust mithalten können, imponiert das den Männern. Außerdem fühlt sich Mr. Right durch unsere Kochkünste verwöhnt.

Was uns direkt zu Frage zwei bringt: Womit? Womit können wir ihn bekochen, ohne uns dabei total zu verleugnen? Auf die Mischung kommt es an. Auf das Ambiente. Und auf die Zutaten sowieso. Gedämpftes Licht - aber doch so hell, dass wir die Gabel neben dem Teller finden. Chillige Musik als angenehme Hintergrundkulisse - Serge Gainsbourgs berühmtes »Je t'aime« lassen wir vorerst im Giftschrank.

Reden wir über das Was. Männer lieben Fleisch. Zumindest die allermeisten. Auch wir Frauen mögen hin und wieder einen leckeren, saftigen Happen. Also werden wir unseren Mr. Right durchaus mit ein bisschen Fleisch ködern. Leicht und lecker sollte es sein, bekömmlich und köstlich. Dazu leichtes Gemüse, kleine Beilagen. Und die Zutaten? Die sollen ihn anmachen. Obwohl es in diesem Stadium der Schmetterlinge im Bauch gar keine Rolle spielt, wovon das Wuschigsein herrührt. Denn in Wirklichkeit wollen wir beide ja nichts anderes, als auf der Stelle übereinander herfallen.

Das Dinner als perfektes Vorspiel für die Nacht ...

Caesar's Salad

Zutaten für 1 Mädel und Mr. Right

2 Knoblauchzehen
1 gut gehäufter EL Dijonsenf
8 Anchovisfilets
3–4 EL Rotweinessig
1 EL Worcestershiresauce
1 Gläschen Kapern
1 Ei
200 ml Rapsöl
1 Prise Zucker
Salz
Pfeffer aus der Mühle
100 g Parmesan, frisch gerieben
1 Kopf Romana- oder Eisbergsalat

Zubereitungszeit: 15 Minuten

Tipp: Wenn du noch kleine, halbierte Datteltomaten dazugibst, bekommt der Caesar's Salad eine buntere Farbkombination, die vor allem Verliebte sehr mögen. Mit frisch rösch angebratenen Hühnerbruststreifen ergibt der Salat eine ganze Mahlzeit. So bleibt mehr Zeit, sich kennenzulernen …

1. Das Dressing für den Caesar's Salad – das Charakteristische an diesem Salat – wird wie eine Mayonnaise hergestellt. Dafür den Knoblauch abziehen und mit Senf, Anchovisfilets, Essig, Worcestershiresauce und Kapern samt Flüssigkeit in ein hohes Gefäß geben und mit dem Stabmixer fein pürieren.

2. Das Ei in eine Schüssel schlagen und das Püree dazugeben. Mit dem Handrührgerät verrühren und dabei das Rapsöl sehr langsam in einem dünnen Strahl dazugießen. Stetig weiterrühren, bis sich alle Zutaten miteinander verbunden haben. Mit Zucker, Salz und Pfeffer abschmecken und zum Schluss den Parmesan unterrühren.

3. Den Romana- oder Eisbergsalat waschen, trockenschütteln und in 2 Zentimeter breite Streifen schneiden. Auf zwei Tellern anrichten und großzügig mit dem Dressing beträufeln. Zu einem echten Caesar's Salad gehören auch Croûtons; wie man die zubereitet, erfährst du auf Seite 51.

ARTISCHOCKEN AUF BRETONISCHE ART

Zutaten für 1 Mädel und Mr. Right

Für die Artischocken
2 große Artischocken
Salz
Pfeffer aus der Mühle
½ Knoblauchzehe
1 Bund Petersilie
1 EL Essig

Für den Dip
½ Knoblauchzehe
3 EL Mayonnaise
2 TL Senf
1 EL Zitronensaft, frisch gepresst
1 EL Petersilie, fein gehackt
1 EL Tomatenmark
Pfeffer aus der Mühle

Zubereitungszeit: 1 Stunde 10 Minuten

Tipp: Dass die Artischocken gar sind, erkennst du daran, dass du die Blätter ganz leicht auszupfen kannst. Gegart lassen sich die Artischocken prima einen Tag im Kühlschrank aufbewahren. Das verführerische Essen lässt sich also gut vorbereiten. Gib sie dann einfach in kochendes Wasser, schalte den Herd aus und lass die Artischocken 10 Minuten ziehen.

1. Die Artischocken am Stiel flach abschneiden, die äußeren Blattspitzen und die Kuppe ebenfalls abschneiden. Die Artischocken salzen und pfeffern. Den Knoblauch abziehen und mit der Petersilie sowie den Artischocken in einen großen Topf geben. Essig und 1 Esslöffel Salz dazugeben und mit Wasser aufgießen. Zugedeckt in etwa 1 Stunde gar kochen.

2. In der Zwischenzeit für den Dip den Knoblauch abziehen und sehr fein hacken. Die Mayonnaise mit Senf, Zitronensaft, Petersilie, Tomatenmark, Pfeffer und Knoblauch zu einer cremigen Sauce verrühren.

3. Die Artischocken abgießen, abtropfen lassen, auf zwei Teller legen und jeweils wie eine Rose aufbiegen. Den Dip in einem Schälchen dazu servieren.

Gebratene Jakobsmuscheln
an Salatbouquet

Zutaten für 1 Mädel und Mr. Right

1 TL rosa Pfefferkörner
400 g Salat der Saison, am besten Blattsalate, z. B. Romanasalat, Eichblattsalat, Rucola, Chicorée, Mangold, Feldsalat, junge Spinatblätter
essbare Blüten wie Veilchen, Kapuzinerkresse oder Borretschblüten (siehe S. 11)
6 Jakobsmuscheln (frisch oder tiefgekühlt)
8 EL Öl
Fleur de Sel

Zubereitungszeit: 15 Minuten

1. Den rosa Pfeffer in einem Mörser zerstoßen. Den Salat waschen, trockenschütteln und die einzelnen Blätter sowie die essbaren Blüten wie ein Blumenbouquet auf zwei Tellern anrichten. Die Jakobsmuscheln gegebenenfalls auftauen lassen. Frische Muscheln waschen und trockentupfen.

2. Das Öl in einer Pfanne erhitzen und die Jakobsmuscheln von jeder Seite 1 bis 2 Minuten darin anbraten. Den zerstoßenen rosa Pfeffer und etwas Fleur de Sel über die Muscheln streuen.

3. Die Jakobsmuscheln auf dem Salatbouquet anrichten. Zum Salat passt ein Limettendressing (siehe S. 26) ausgezeichnet.

Tipp: Nicht nur Jakobsmuscheln wirken aphrodisierend, sondern Meeresfrüchte insgesamt, denn die Mischung aus Eiweiß und Zink fördert die Produktion des Sexualhormons Testosteron. Und das beeinflusst nicht nur bei Männern, sondern auch bei dir die Libido …

FUSILLI AMATRICE

ZUTATEN FÜR 1 MÄDEL UND MR. RIGHT

50 g durchwachsener Speck
1 mittelgroße Zwiebel
2 Knoblauchzehen
800 g geschälte Tomaten (aus der Dose)
Salz
½ TL Zucker
1 Messerspitze Chilipulver
½ TL edelsüßes Paprikapulver
2 TL getrocknetes Basilikum
1 TL getrockneter Oregano
200 g Fusilli
100 g Schafskäse

ZUBEREITUNGSZEIT: 30 MINUTEN

TIPP: Da die Sauce bereits Schafskäse enthält, kannst du auf Parmesan verzichten. Wenn du nicht so auf Schafskäse stehst, lässt du ihn beim letzten Arbeitsschritt weg und streust am Ende Parmesan über die Nudeln.

1. Den Speck würfeln und in einem Topf bei mittlerer Hitze knusprig anbraten. Anschließend aus dem Topf nehmen und beiseitestellen. Zwiebel und Knoblauch abziehen, fein würfeln und im Speckfett anbraten.

2. Die Tomaten aus der Dose mit der Flüssigkeit in eine Schüssel geben und mit einer Gabel grob zerdrücken. Zu der Zwiebel-Knoblauch-Mischung geben. 1 Prise Salz, Zucker, Chilipulver, Paprikapulver, Basilikum und Oregano dazugeben. Alles gut verrühren und 20 Minuten köcheln lassen.

3. In der Zwischenzeit die Fusilli nach Packungsanleitung in reichlich Salzwasser bissfest garen.

4. Den Schafskäse zerbröckeln, am Ende der Kochzeit in die Sauce geben und leicht unterheben. Die Nudeln auf zwei tiefe Teller verteilen und die Sauce darübergeben. Vor dem Servieren die Speckwürfel auf die Sauce streuen. Nach Belieben noch mit frischen Kräutern garnieren.

FILETSTEAK MIT ZWEIERLEI KARTOFFELPÜREE,

GESCHMORTEM FENCHEL UND BROKKOLIGEMÜSE

Zutaten für 1 Mädel und Mr. Right

Für die Kartoffelpürees

2 mittelgroße Süßkartoffeln (ca. 300 g)
300 g mehligkochende Kartoffeln
Salz
60 g Butter
Muskatnuss, frisch gerieben
30 g Sahne
30 ml Milch (1,5 % Fett)
Pfeffer aus der Mühle

Für den geschmorten Fenchel

1 große Fenchelknolle
40 g Butter
1 EL Öl
1 TL Zucker
½ TL Fenchelsamen
Salz
Pfeffer aus der Mühle

Für das Brokkoligemüse

250 g Brokkoliröschen
½ l Gemüsebrühe
20 g Butter
Salz
Pfeffer aus der Mühle
Muskatnuss, frisch gerieben

Für das Filetsteak

2 Rinderfilets à 180 g
1 EL Butterschmalz
Salz
Pfeffer aus der Mühle
50 ml Rinderbrühe
10 g kalte Butter

Zubereitungszeit: 1 Stunde 10 Minuten

1. Für die Kartoffelpürees beide Kartoffelarten schälen, in 5 Zentimeter große Stücke schneiden und separat in Salzwasser in etwa 15 Minuten weich kochen.

2. Die Kartoffeln getrennt abgießen und jeweils in eine Schüssel geben. Die Süßkartoffeln sowie 30 Gramm Butter, etwas Muskatnuss und Sahne mit einem Kartoffelstampfer zu einem homogenen Püree verarbeiten. Die mehligkochenden Kartoffeln sowie die restliche Butter, etwas Muskatnuss und Milch zu einem feinen Püree verarbeiten. Beide Pürees mit Salz und Pfeffer würzen und warm halten.

3. Für den geschmorten Fenchel die Fenchelknolle waschen. Das Grün abschneiden, fein hacken und beiseitelegen. Die Knolle achteln und anschließend so in feine Fächer schneiden, dass die Spalten nicht auseinanderfallen.

TIPP: Wenn du ein Fleischtyp bist und gern mal Steaks brätst, empfiehlt sich ein Bratenthermometer. An der dicksten Stelle in das Fleisch piksen und die Temperatur im Auge behalten.

4. Butter und Öl in einer Pfanne erhitzen, Zucker und Fenchelsamen daraufstreuen. Den Zucker zum Schmelzen bringen, dabei werden die Fenchelsamen leicht angeröstet. Die Fenchelfächer vorsichtig nebeneinander auf den Pfannenboden legen und die Hitze reduzieren. Von jeder Seite etwa 5 Minuten anschmoren. Zum Schluss das gehackte Fenchelgrün dazugeben und mit Salz und Pfeffer würzen. Warm halten.

5. Für das Brokkoligemüse die Brokkoliröschen bei Bedarf zerteilen. Waschen und trockentupfen. In einem Topf die Gemüsebrühe zum Kochen bringen und die Brokkoliröschen darin etwa 5 Minuten garen, bis sie bissfest sind. Abgießen und abtropfen lassen. Die Butter in einem Topf erhitzen und die Brokkoliröschen darin schwenken. Mit Salz, Pfeffer und Muskatnuss würzen und warm halten.

6. Für das Filetsteak den Backofen auf 90 °C (Umluft 70 °C, Gas Stufe 1) vorheizen. Die Steaks kurz unter kaltem Wasser abbrausen und anschließend mit Küchenpapier gut trockentupfen.

7. In einer beschichteten Pfanne das Butterschmalz zerlassen und die Filetsteaks darin auf beiden Seiten scharf anbraten. Das Bratfett aus der Pfanne gießen und die Pfanne in den vorgeheizten Ofen stellen. Das Fleisch darin so lange garen, bis es eine Innentemperatur von mindestens 70 °C erreicht hat – das dauert je nach Dicke des Fleischs 5 bis 10 Minuten.

8. Die Steaks aus dem Ofen nehmen, mit Salz und Pfeffer würzen und mit einem Teller oder einer Schüssel abdecken. Den ausgetretenen Bratenfond in der Pfanne mit der Rinderbrühe aufkochen lassen und mit der sehr kalten Butter abbinden.

9. Jeweils 1 Filetsteak in die Mitte eines Tellers legen. Je ein paar Esslöffel der Pürees rechts und links der Steaks drapieren. Dazwischen die Fenchelfächer und die Brokkoliröschen platzieren. Die Steaks mit der Sauce beträufeln und schnell bei Kerzenschein servieren. Wenn das kein Essen für frisch Verliebte ist …!

Ofengebackenes Kalbskotelett
auf buntem Gemüse

Zutaten für 1 Mädel und Mr. Right

Für das Kalbskotelett

2 Kalbskoteletts à 200 g
1 Knoblauchzehe
1 Zweig Rosmarin
2 lange Zweige Thymian
2 große Salbeiblätter
4 EL Öl
Salz
Pfeffer aus der Mühle
½ Biozitrone

Für das bunte Gemüse

1 rote Paprikaschote
2 gelbe Zucchini
4 Frühlingszwiebeln
8 kleine Datteltomaten
1 Knoblauchzehe
2 EL Öl
Salz
Pfeffer aus der Mühle
1 Prise Zucker

Zubereitungszeit: 45 Minuten

1. Für das Kalbskotelett den Backofen auf 200 °C (Umluft 180 °C, Gas Stufe 3–4) vorheizen. Hat er eine Grillfunktion, diese dazuschalten. Koteletts waschen und trockentupfen. Knoblauch abziehen und durch die Presse drücken. Die Kräuter waschen und trockenschütteln. Das Fleisch auf einen großen Teller legen. Kräuter und Knoblauch darauf verteilen, das Öl darübergießen, mit Salz und Pfeffer bestreuen und alles gut in das Fleisch einreiben. Die Koteletts auf ein Backblech legen und etwa 10 Minuten auf jeder Seite grillen bzw. garen.

2. Für das bunte Gemüse Paprikaschote waschen, putzen und achteln. Zucchini waschen, putzen und in 2 Zentimeter große Stücke schneiden. Frühlingszwiebeln waschen und putzen, den dunkelgrünen Teil abschneiden und entsorgen. Datteltomaten waschen und halbieren. Knoblauch abziehen und in dünne Scheiben schneiden.

3. Das Öl in einer Pfanne erhitzen und das Gemüse darin anbraten, ohne dass es Farbe nimmt. Mit Salz, Pfeffer und Zucker würzen und die Hitze stark reduzieren. Zugedeckt etwa 10 Minuten weitergaren lassen. Danach den Herd ausschalten, das Gemüse umrühren und zugedeckt weitere 2 Minuten ziehen lassen.

4. Das Gemüse auf zwei Tellern anrichten und die Koteletts auf das Gemüsebett legen. Die Zitronenhälfte noch einmal vierteln und dazu servieren. Wenn dieses Essen keine positiven Konsequenzen hat, ist er nicht Mr. Right!

Tipp: Den Deckel beim Gemüsegaren nicht unnötig lupfen. Sonst entweicht der Dampf und das Gemüse würde eher verbrennen, als gar ziehen.

Lachskoteletts
auf Safranreis mit Erbsen

Zutaten für 1 Mädel und Mr. Right

Für die Lachskoteletts

2 Lachskoteletts à 200 g
1 TL Salz
Pfeffer aus der Mühle
3 EL Öl

Für den Safranreis

1 Schalotte
1 EL Öl
2 EL Butter
125 g Langkornreis
400 ml Gemüsebrühe
1 Döschen Safranfäden
Salz
100 g Erbsen (tiefgekühlt)

Zubereitungszeit: 40 Minuten

Tipp: Statt TK-Erbsen kannst du auch frische Erbsen – davon brauchst du 500 Gramm – verwenden. Denn das Auspulen aus den Hüllen kann die Nervosität vor dem ersten Date vielleicht etwas vertreiben.

1. Für die Lachskoteletts den Fisch kalt abwaschen und trockentupfen. Anschließend salzen, pfeffern und mit Öl bepinseln. Eine große Pfanne – wenn vorhanden eine Grillpfanne – erhitzen und die Lachsstücke darin auf jeder Seite 5 Minuten braten. Den Fisch anschließend warm stellen.

2. Für den Safranreis die Schalotte abziehen und fein hacken. Das Öl mit 1 Esslöffel Butter in einem Topf erhitzen und die Schalotte darin andünsten, bis sie glasig ist, aber nicht braun wird. Nach 5 Minuten den Reis zur Schalotte geben und mit der Gemüsebrühe auffüllen. Den Safran und eine gute Prise Salz hinzufügen. Den Reis ohne Deckel bei geringer Hitze etwa 10 Minuten garen.

3. Die Erbsen unter den Reis heben und 5 Minuten mitgaren. Zum Schluss die restliche Butter unterrühren und mit Salz abschmecken. Den Safranreis auf zwei Tellern anrichten und die Lachskoteletts darauflegen. Nach Belieben mit einer gegrillten Zitronenscheibe servieren.

ORANGEN-MASCARPONE-SCHICHTDESSERT

Zutaten für 1 Mädel und Mr. Right
sowie 4 weitere Mädels am Tag nach dem Date

50 g + 1 TL Zucker
½ l Orangensaft, frisch gepresst
1 Vanilleschote
20 g Speisestärke
4 kernlose Orangen
400 g Mascarpone
Saft von 1 Zitrone
500 g Sahne
1 Päckchen Vanillezucker
30 g Walnusskerne

Zubereitungszeit: 20 Minuten
+ 3 Stunden Kühlzeit

Tipp: Beim Filetieren von Zitrusfrüchten musst du die Früchte zuerst standfest machen, indem du oben und unten einen Deckel abschneidest. Jetzt stellst du die Frucht auf ein Brettchen und schneidest von oben nach unten mit einem scharfen Messer die Schale so dick ab, dass die weiße Haut komplett mit entfernt wird. Um die Filets auszulösen, nimmst du die Frucht in die Hand und hältst sie über eine Schüssel, die den Saft auffängt. Mit dem scharfen Messer trennst du das Fruchtfleisch längs von den Häutchen und fängst es auf.

1. Für die Orangensauce 20 Gramm Zucker in einem Topf bei niedriger Hitze leicht karamellisieren. Mit Orangensaft auffüllen und aufkochen lassen.

2. Die Vanilleschote längs aufschlitzen, das Mark herauskratzen und zum Saft geben. Die Speisestärke mit etwas Wasser glatt rühren und anschließend mit der kochenden Orangensauce verrühren. 3 Minuten köcheln lassen, den Topf vom Herd nehmen und die Orangensauce kalt stellen.

3. Die Orangen schälen – dabei die weiße Haut möglichst vollständig entfernen – und filetieren (siehe Tipp). Die Filets beiseitestellen.

4. Mascarpone mit 30 Gramm Zucker und Zitronensaft glatt rühren. Die Sahne mit 1 Teelöffel Zucker und dem Vanillezucker steif schlagen und unter die Mascarponecreme heben. Mindestens 3 Stunden kalt stellen. Die Walnüsse hacken.

5. Vor dem Servieren die Mascarponecreme, die Orangensauce und die Orangenfilets – in der Reihenfolge – in hübsche Gläser schichten und zum Schluss mit den gehackten Walnüssen bestreuen.

FRÜCHTE IN SCHOKOSAUCE

Zutaten für 1 Mädel und Mr. Right
100 g Blockschokolade (70 % Kakaoanteil)
1 TL Butter
150 g Sahne
1 Prise Salz
500 g frisches Obst nach Saison, z. B. Erdbeeren, Pfirsich, Banane, Ananas, Weintrauben

Außerdem
Holzspießchen

Zubereitungszeit: 20 Minuten

1. Die Schokolade in kleine Stücke brechen. Mit Butter, Sahne und Salz in eine Metallschüssel geben und über einem heißen Wasserbad schmelzen.

2. Das Obst waschen, putzen oder schälen und in mundgerechte Stücke schneiden. Die geschmolzene Schokolade glatt rühren und in zwei Schälchen füllen. Das Obst auf einem großen Teller mit Holzspießchen anrichten und die Schokolade dazu reichen.

ÜBERBACKENE PFIRSICHE MIT HONIG

Zutaten für 1 Mädel und Mr. Right
1 Vanilleschote
1 EL Honig
2 Pfirsiche
1 EL Zitronensaft, frisch gepresst
100 ml Pfirsichsaft
20 g Butter
1 kleine Packung Krokant-, Walnuss- oder Vanilleeis

Zubereitungszeit: 35 Minuten

1. Den Backofen auf 180 °C (Umluft 160 °C, Gas Stufe 2–3) vorheizen. Die Vanilleschote längs aufschlitzen und das Mark herauskratzen. Mit dem Honig verrühren.

2. Die Pfirsiche waschen, trockentupfen, halbieren und entsteinen. Die Pfirsichhälften in eine feuerfeste Form legen und mit dem Zitronensaft beträufeln. Den Pfirsichsaft ebenfalls in die Form gießen. Mit dem Vanillehonig bestreichen und die Butter in Flöckchen daraufsetzen. 20 bis 30 Minuten im Ofen überbacken. Etwas abkühlen lassen und mit dem Eis servieren.

SELBSTBEWUSST AN HEISSEN KOHLEN

Die Herren der Schöpfung haben es in manchen Belangen ja immer etwas wichtig. So auch beim Grillen. Da wird Bier gekauft und fettes Schweinenackensteak. Und bevor wir's uns versehen, ist das Grillfeuer entfacht und sind die dicken Fleischbrocken auf den Rost geworfen. Allerlei Dips und Saucen aus dem Supermarkt werden aufgereiht, als handele es sich um scharfe Munition. Als Beilagen werden Kartoffeln in der Glut versenkt - und meistens dort vergessen -, oder es wird ein Fertigkartoffelsalat im Eimer gereicht.

Na gut - das ist jetzt wirklich tief in der Klischeekiste gewühlt. Aber so manches davon ist nicht von der Hand zu weisen. Dabei macht es auch uns Mädels Spaß, den Grill zum Glühen zu bringen. Und wenn das Grillen mit etwas Vorankündigung in die Freundesrunde geworfen wird, freuen wir uns noch mehr. Denn dann haben wir die Möglichkeit, ein paar Leckereien vorzubereiten, die als herrliche Beilagen den Appetit anregen. Salate und Dips, kalte Suppen und Gemüsevariationen. Oder wir können uns um Fleischgerichte kümmern, die weit über 08/15-Steaks hinausgehen. Wir schnüren kleine Päckchen, die wir behutsam auf den Grill legen, bestücken Spießchen mit allerlei Gemüse, Schaltieren oder sogar Obst. Den Männern ist derlei filigrane Handarbeit viel zu umständlich. Essen tun sie es dann allerdings schon. Auch wir futtern nicht nur winzige Portionen von Beilagen, sondern freuen uns durchaus auf ein richtig gutes Stück Fleisch, in das wir unsere Beißerchen schlagen können - wir wollen alles einfach etwas anspruchsvoller und delikater.

Wenn wir dies vor einem großen Grill-Happening klargestellt haben, können wir auch selbstbewusst die letzte Bastion stürmen: Die Kohlen selbst zum Glühen bringen. Außer wir wollen die Zeit lieber nutzen, um kühlen Wein am Warmwerden zu hindern und neueste, wichtigste Informationen auszutauschen. Wir Mädels sind ja schließlich nicht zum Spaß hier.

Gegrilltes Gemüse

Zutaten für 6 Mädels

Für den Spargel

600 g grüner Spargel
2 Bund Frühlingszwiebeln
1 TL Fenchelsamen
50 g Pinienkerne
5 EL Öl
Salz
Pfeffer aus der Mühle

Für die Zucchini

6 mittelgroße Zucchini
Salz
1 EL Sesamöl
2 EL Sesamsamen

Für die Champignons

600 g große Champignons
2 Bund Frühlingszwiebeln
1 Knoblauchzehe
Salz
Pfeffer aus der Mühle
1 TL getrockneter Thymian
3 EL Öl
Saft von 1 Zitrone

Zubereitungszeit:
1 Stunde 10 Minuten

1. Für den Spargel die Spargelstangen waschen und im unteren Drittel schälen. Frühlingszwiebeln waschen und putzen, das Grün abschneiden. Fenchelsamen in einem Mörser zerstoßen. Pinienkerne in einer beschichteten Pfanne ohne Fett rösten. Spargel und Frühlingszwiebeln in eine Aluschale geben, mit Öl vermengen und mit den Fenchelsamen sowie Salz und Pfeffer würzen. 5 bis 10 Minuten auf dem heißen Grill grillen, dabei ab und zu wenden. Mit den gerösteten Pinienkernen bestreut servieren.

2. Für die Zucchini das Gemüse waschen, putzen und längs halbieren. Die Schnittflächen mit Salz einreiben und die Zucchini anschließend 5 Minuten in Wasser ziehen lassen. Mit Küchenpapier abtupfen. Mit Sesamöl bestreichen und 6 bis 8 Minuten von allen Seiten auf dem Grill grillen. Sesamsamen in einer Pfanne ohne Fett anrösten und die gegrillten Zucchini damit bestreuen.

3. Für die Champignons die Pilze mit Küchenpapier abreiben, nicht waschen. Anschließend vierteln und in eine Alugrillform legen. Die Frühlingszwiebeln waschen und putzen, das Grün abschneiden. Den weißen Teil vierteln und zu den Champignons geben. Knoblauch abziehen, fein hacken und ebenfalls zu den Champignons geben. Mit Salz, Pfeffer und Thymian würzen. Mit Öl beträufeln und alles vermengen. In der Schale 10 bis 15 Minuten auf dem Grill grillen. Mit Zitronensaft beträufelt servieren.

SCHAFSKÄSE MIT TOMATEN IN BACKPAPIER

ZUTATEN FÜR 6 MÄDELS

300 g fester Schafskäse

400 g große reife Tomaten, z. B. Ochsenherzen

1 Bund Frühlingszwiebeln

1 Knoblauchzehe

1 Bund Basilikum

5 EL Öl

ZUBEREITUNGSZEIT: 35 MINUTEN

1. Schafskäse in Scheiben schneiden. Tomaten waschen und ebenfalls in Scheiben schneiden. Frühlingszwiebeln waschen, putzen und in dünne Ringe schneiden. Knoblauch abziehen und halbieren. Das Basilikum waschen und trockenschütteln. Die Blätter von den Stängeln zupfen.

2. Auf der Arbeitsfläche 6 große Stück Alufolie ausbreiten. 6 große Stück Backpapier mit dem Knoblauch abreiben. Auf dem Backpapier Tomaten, Schafskäse, Basilikumblätter und Frühlingszwiebeln in dieser Reihenfolge wie einen Turm aufeinanderschichten. Die letzte Schicht sollte eine Tomate sein, das Päckchen insgesamt nicht zu hoch werden lassen. Die Türme mit dem Öl beträufeln. Das Backpapier fest zusammenfalten. Die Alufolie darumwickeln, damit das Backpapier kein Feuer fängt. Die Päckchen auf den Grill legen und 10 bis 15 Minuten garen. Dabei immer wieder wenden, damit die Hitze von allen Seiten darankommt.

TIPP: Wenn du das Gericht an einem Regentag genießen möchtest, schiebst du es bei 180 °C (Umluft 160 °C, Gas Stufe 2-3) einfach in den Ofen - dann allerdings ohne Alufolie. Die brauchst du nur, damit das Backpapier auf dem Grill nicht verbrennt. Das Gleiche gilt für die Forelle (siehe S. 100).

HALLOUMI-AUBERGINEN-RÖLLCHEN MIT ROTEM PESTO

ZUTATEN FÜR CA. 12 STÜCK

FÜR DAS ROTE PESTO

1 Glas getrocknete Tomaten in Öl (280 g)
2 Knoblauchzehen
2 Schalotten
1 Bund Basilikum
¼ l neutrales Öl
1 Prise geschrotete Chilischote
Salz
Pfeffer aus der Mühle
100 g gemahlene Mandeln

FÜR DIE RÖLLCHEN

2 mittelgroße Auberginen
Salz
2 Zweige Rosmarin, ersatzweise getrockneter Rosmarin
6 EL rotes Pesto (siehe links)
3 EL Tomatenmark
300 g Halloumi (zyprischer Grillkäse)
Pfeffer aus der Mühle
12 Holzspießchen

ZUBEREITUNGSZEIT: 35 MINUTEN

1. Für das rote Pesto die Tomaten in ein Sieb geben und abtropfen lassen, dabei die Marinade auffangen. Knoblauch und Schalotten abziehen. Die Schalotten vierteln. Basilikum waschen, trockenschütteln und grob zerkleinern. Alles mit dem Öl in ein hohes Gefäß geben und mit dem Stabmixer pürieren. Chili, Salz, Pfeffer und Mandeln dazugeben und ebenfalls pürieren. Wenn die Masse zu dick wird, etwas von der Tomatenmarinade hinzufügen und verrühren. Abschmecken.

2. Für die Halloumi-Auberginen-Röllchen die Auberginen waschen und trockentupfen. Den Strunk abschneiden und die Auberginen längs in etwa 5 Millimeter dicke Scheiben schneiden. Stark salzen und auf Küchenpapier legen. Rosmarin waschen und trockenschütteln, die Nadeln von den Zweigen streifen und fein hacken. Das Pesto mit dem Tomatenmark und dem Rosmarin verrühren. Den Käse in 12 längliche Stücke schneiden.

3. Die Auberginenscheiben trockentupfen. Mit der Tomatenpaste bestreichen und mit Salz und Pfeffer würzen. Auf jede Scheibe quer 1 Stück Käse legen. Die Auberginenscheiben von der schmalen Seite her aufrollen und mit Holzspießchen fixieren. Auf dem heißen Grill 5 bis 8 Minuten rundum grillen und auf einer Platte anrichten.

TIPP: Zum Aufbewahren des Pestos füllst du es einfach in Schraubgläser. Achte beim Abfüllen darauf, dass das Pesto komplett mit Öl bedeckt ist, sonst beginnt es zu schimmeln. Eigentlich gehört in dieses Pesto noch geriebener Parmesan – doch der hält sich leider nicht lange. Wenn du das Pesto ganz aufbrauchst, kannst du es natürlich mit Parmesan zubereiten.

Forelle mit Kräutern im Pergamentpapier

Zutaten für 4 Mädels

4 kleine, ausgenommene Forellen
2 Fenchelknollen mit Grün
4 Biozitronen
½ Bund Dill
1–2 Zweige Thymian
Salz
1 EL Butter und Butter zum Bestreichen
Pfeffer aus der Mühle

Zubereitungszeit: 40 Minuten

1. Die Forellen innen und außen mit kaltem Wasser abspülen und mit Küchenpapier trockentupfen. Pro Fisch ein großes Stück Pergamentpapier ausbreiten.

2. Den Fenchel waschen und putzen. Das Fenchelgrün abschneiden und fein hacken. Die Knolle längs in sehr feine Streifen schneiden, am besten mit dem Gemüsehobel. Die Zitronen waschen, trockenreiben und in 1 Zentimeter dicke Scheiben schneiden. Dill und Thymian waschen und trockenschütteln. Die Thymianblättchen von den Zweigen zupfen und fein hacken. Die Hälfte des Dills ebenfalls fein hacken. Diesen mit Thymian und Fenchelgrün mischen.

3. Den Bauchraum der Forellen etwas salzen und mit den Kräutern und je 1 Scheibe Zitrone füllen. Das Pergamentpapier mit Butter bestreichen und die Fenchelscheiben dicht an dicht darauflegen. Mit dem restlichen Dill bedecken. Die Forellen darauflegen und mit den restlichen Zitronenscheiben bedecken. Die Butter in Flöckchen daraufsetzen, salzen und pfeffern.

4. Die Forellen mit dem Pergamentpapier wie ein Bonbon verschließen. In eine Aluschale legen und auf dem heißen Grill 15 bis 20 Minuten garen. Dabei das Fischpäckchen eventuell einmal wenden.

Tipp: Einen Fisch filetieren ist gar nicht so schwer – wenn man weiß, wie es geht. Den Fisch vom Kopfende bis zur Schwanzflosse am Rückgrat entlang einschneiden und mit der Messerspitze die kleinen Rückengräten entfernen. Das geht ganz einfach, wenn der Fisch gar ist. Nun das Fleisch am Skelett entlang aufschneiden und das obere Filet vorsichtig abheben. Dabei darauf achten, dass sich die Gräten vom Fleisch lösen. Anschließend das Skelett behutsam vom unteren Filet abziehen.

DER URSPRUNG

ANANAS-GARNELEN-SPIESSCHEN

Zutaten für 8 Spiesschen

24 küchenfertige geschälte Garnelen ohne Kopf (frisch oder tiefgekühlt)
1 mittelgroße Ananas
4 Stiele Zitronengras
2 Limetten
Salz
8 EL Öl
Pfeffer aus der Mühle

Zubereitungszeit: 30 Minuten

1. Tiefgekühlte Garnelen auftauen lassen. Frische Garnelen abbrausen und trockentupfen. Die Ananas schälen, vierteln, vom Strunk befreien und in gut 2 Zentimeter dicke Stücke schneiden.

2. Das Zitronengras halbieren und spitz zuschneiden. Abwechselnd Garnelen und Ananasstücke auf das Zitronengras spießen, dabei je 3 Garnelen und 3 Ananasstücke pro Spieß verwenden.

3. Die Limetten waschen, trockenreiben, halbieren und auspressen. Die fertigen Spieße mit Salz, Limettensaft, Öl und Pfeffer würzen, beiseitestellen und etwas durchziehen lassen. Anschließend auf beiden Seiten 4 bis 8 Minuten grillen.

Tipp: Um eine Ananas zu schälen und zu schneiden, brauchst du kein zusätzliches Gerät, das dir die Schubladen in deiner Küche verstopft. Von der Ananas den oberen und unteren Teil großzügig abschneiden. So auf ein Küchenbrett stellen, dass sie einen festen Stand hat. Nun die Schale so dick abschneiden, dass du die dunklen Punkte mit erwischst. Danach die Ananas vierteln und vom festen Strunk in der Mitte befreien.

Saté-Spiesschen

Zutaten für 6 Mädels

Für die Saté-Sauce

1 kleine Zwiebel
1 EL Öl
2 EL süße Chilisauce
125 g Erdnussbutter (crunchy)
2 EL Sojasauce
1/8 l Kokosmilch

Für die Spiesschen

500 g Hühnerbrustfilet
1 EL Honig
60 ml Sojasauce
2 TL Sesamöl
1 TL gemahlene Kurkuma
1 TL gemahlener Koriander
½ TL Chilipulver
Bambusspießchen

Tipp: Im Sommer sind sie die perfekte Vorspeise für Hungrige am heißen Grill, denn man darf sie nicht zu lange grillen, sonst werden sie trocken. Die Spießchen schmecken aber zu jeder Zeit als Snack oder ergeben mit Thai-Reis und geschmortem Gemüse eine ganze Mahlzeit. Wer sie fertig zur Grillparty mitbringen möchte, kann sie im Backofen bei 200 °C (Umluft 180 °C, Gas Stufe 3–4) backen oder in der Pfanne in heißem Öl braten.

Zubereitungszeit: 15 Minuten + 2 Stunden Marinierzeit

1. Für die Saté-Sauce Zwiebel abziehen und fein hacken. Das Öl in einer Pfanne erhitzen und die Zwiebel darin glasig dünsten. Die Hitze reduzieren und Chilisauce, Erdnussbutter, Sojasauce sowie Kokosmilch einrühren, bis eine sämige Konsistenz entsteht.

2. Für die Spießchen das Fleisch waschen und trockentupfen. Von eventuellen Sehnen und Fett befreien und in etwa 2 Zentimeter breite und 5 Zentimeter lange Streifen schneiden. Dazu die Hühnerbrust eventuell unter Frischhaltefolie legen und etwas flach klopfen.

3. Honig und Sojasauce mit Sesamöl glatt rühren. Mit Kurkuma, Koriander und Chilipulver würzen. Die Sauce in eine Auflaufform gießen und die Hühnchenstreifen mindestens 2 Stunden darin im Kühlschrank marinieren.

4. Das Fleisch aus der Marinade nehmen, abtupfen und wellenförmig auf gewässerte Bambusspießchen stecken. Die Spießchen müssen gewässert werden, damit sie auf dem Grill nicht anbrennen. 5 Minuten auf den heißen Grill legen und anschließend mit der Saté-Sauce servieren.

grill it

Schweinekoteletts mit Ingwer

Zutaten für 6 Mädels

1 daumengroßes Stück Ingwer
2 Knoblauchzehen
1 Bund Koriander
4 EL Honig
Saft von 2 Limetten
4 EL Sojasauce
1 EL Sesamsamen
Salz
Pfeffer aus der Mühle
200 g Sahne
6 Schweinekoteletts

Zubereitungszeit: 20 Minuten + 1 Stunde Marinierzeit

1. Ingwer schälen und reiben. Knoblauch abziehen und fein hacken. Den Koriander waschen und trockenschütteln. Die Blättchen von den Stängeln zupfen und ebenfalls fein hacken.

2. Für die Marinade den Honig in eine tiefe Schüssel geben und mit Limettensaft, Sojasauce, Koriander, Knoblauch, Ingwer sowie Sesamsamen verrühren. Mit Salz und Pfeffer würzen. Die Sahne hinzufügen und noch einmal alles gut verrühren.

3. Die Schweinekoteletts waschen und trockentupfen. Die Hälfte der Marinade in eine Auflaufform gießen, die Koteletts hineinlegen und mit dem Rest der Marinade übergießen. Das Fleisch sollte ganz von der Marinade bedeckt sein. Mindestens 1 Stunde im Kühlschrank durchziehen lassen.

4. Vor dem Grillen das Fleisch abtropfen lassen und die Koteletts anschließend auf beiden Seiten jeweils 10 Minuten grillen.

GRILLANANAS
MIT LIMETTENCREME

Zutaten für 6 Mädels
200 g Sahne
3 Biolimetten
1 Bund Minze
125 g Mascarpone
100 g Naturjoghurt
ca. 12 EL brauner Zucker
1 große reife Ananas

Zubereitungszeit: 20 Minuten + 1 Stunde Kühlzeit

1. Die Sahne in einem hohen Gefäß steif schlagen. Die Limetten waschen und trockenreiben. Die Schale abreiben, die Früchte auspressen. Die Minze waschen und trockenschütteln. Die Blätter von den Stängeln zupfen und fein hacken.

2. Mascarpone mit Joghurt, Limettenschale, Limettensaft, Minze und 3 Esslöffel braunem Zucker in eine Schüssel geben und mit dem Handrührgerät schaumig schlagen. Die geschlagene Sahne vorsichtig unterheben. Die Limettencreme mindestens 1 Stunde kalt stellen.

3. Die Ananas schälen (siehe Tipp S. 102) und ganz in 2 Zentimeter dicke Scheiben schneiden. Den harten Strunk in der Mitte entfernen. Jede Ananasscheibe mit 1 Esslöffel braunem Zucker bestreuen, auf den heißen Grill legen und etwa 2 Minuten auf jeder Seite grillen. Mit der Limettencreme servieren.

GRILLPFIRSICHE
MIT AMARETTINI

Zutaten für 6–12 Mädels
10 EL brauner Rum
10 EL brauner Zucker
6 reife Pfirsiche
100 g Amarettini-Kekse
3 EL Paniermehl
50 g gehackte Mandeln

Zubereitungszeit: 35 Minuten

1. Den Rum mit dem Zucker verrühren. Die Pfirsiche waschen, trockentupfen, halbieren und entsteinen. Die Hälften mit der Schnittfläche nach unten in die Rummischung legen und etwa 20 Minuten marinieren.

2. Die Amarettini mit den Fingern grob zerbröseln. Das Paniermehl und die Mandeln in einer beschichteten Pfanne ohne Fett unter ständigem Rühren goldbraun rösten. Die Amarettini hinzufügen und 2 Minuten mitrösten. Die Pfanne vom Herd nehmen.

3. Die Pfirsichhälften aus der Rummarinade nehmen, abtropfen lassen und auf dem heißen Grill 2 bis 3 Minuten grillen. Vorsichtig wenden und weitere 2 Minuten grillen.

4. Die gerösteten Amarettini-Brösel auf Tellern anrichten, die Pfirsiche in die Mitte des Tellers legen und mit der restlichen Rummarinade beträufeln. Vorsicht: Die Nachspeise hat es in sich!

KOHLRABI-KAROTTEN-SALAT

Zutaten für 4 Mädels

3 mittelgroße Karotten
1 mittelgroßer Kohlrabi
1 Limette
1 Knoblauchzehe
1 Stück Ingwer (5 cm groß)
1 kleine rote Chilischote
30 g Koriandergrün
160 g geröstete und gesalzene Erdnüsse
1 TL Sesamöl
2 TL brauner Zucker
2 EL Fischsauce

Zubereitungszeit: 15 Minuten + 1 Stunde Kühlzeit

1. Karotten und Kohlrabi schälen und in feine Streifen schneiden. Am besten eignet sich dafür eine Julienne-Reibe. Die Limette halbieren und auspressen. Knoblauch abziehen und zerdrücken. Ingwer schälen und reiben. Die Chilischote waschen, längs aufschlitzen, entkernen und in feine Streifen schneiden. Das Koriandergrün hacken.

2. Die Karotten- und Kohlrabistreifen in einer Schüssel mit Koriander, Erdnüssen, Knoblauch, Chili und Ingwer vermengen. Limettensaft, Sesamöl, Zucker und Fischsauce hinzufügen und noch einmal alles gut vermischen. Abschmecken und 1 Stunde kühl stellen.

Tipp: Der Salat passt super zu Saté-Spießen und allem Gegrilltem. Warum Fischsauce? Fischsauce ist eine dünne, klare, braune und salzige Sauce mit einem charakteristischen Geruch und scharfen Geschmack. Sie wird aus Garnelen und kleinen, fermentierten Fischen hergestellt. In asiatischen Ländern dient sie zum Salzen der Speisen. Ihr strenges Aroma wird durch die anderen Zutaten abgemildert. Am besten fügst du erst ein wenig hinzu und würzt dann weiter, bis es dir salzig genug ist.

Italienischer Brotsalat

Zutaten für 6–8 Mädels

500 g Bauernbrot
1 kg Fleischtomaten
je 1 gelbe und rote Paprikaschote
1 Salatgurke
1 Bund Frühlingszwiebeln
1 Bund glatte Petersilie
1 Bund Basilikum
3 Knoblauchzehen
8–10 EL Olivenöl
5 EL Rotweinessig
3 EL Kapern
Salz
Pfeffer aus der Mühle

Zubereitungszeit: 25 Minuten + 1 Stunde Kühlzeit

1. Das Brot am Vortag in Scheiben schneiden und trocknen lassen. Am Tag des Zubereitens in Würfel schneiden und in eine große Schüssel geben.

2. Die Tomaten waschen, trockenreiben und in mundgerechte Stücke schneiden, dabei den Stielansatz entfernen. Paprikaschoten waschen, putzen und sehr fein würfeln. Salatgurke schälen und längs halbieren. Mit einem Teelöffel die Kerne herausschaben und das Fruchtfleisch in ebenso kleine Würfel schneiden wie die Paprika. Frühlingszwiebeln waschen und putzen. Das Weiße in dünne Ringe schneiden. Petersilie und Basilikum waschen und trockenschütteln. Die Blätter von den Stängeln zupfen und hacken.

3. Paprika, Gurke, Tomaten und Frühlingszwiebeln zu den Brotwürfeln geben. Die Kräuter ebenfalls dazugeben und alles gut durchmischen.

4. Knoblauch abziehen und hacken. In einer zweiten Schüssel aus Öl, Rotweinessig, Knoblauch, Kapern, Salz und Pfeffer ein Dressing mischen. Es muss sehr kräftig gewürzt sein, da das Brot viel Geschmack aufsaugt. Das Dressing über den Salat geben und noch einmal alles gründlich durchmischen. 1 Stunde in den Kühlschrank stellen und vor dem Servieren mit Salz, Pfeffer und Essig abschmecken.

FÜR BESONDERE ANLÄSSE

Natürlich macht es Spaß, an den legendären Mädelsabenden unsere Freundinnen zu bewirten. Wir greifen bei den vielen kleinen Leckereien beherzt zu und schlagen dabei gern auch mal kalorientechnisch über die Stränge.
Manchmal gibt es aber auch große Anlässe zu feiern: runde Geburtstage, gute Beziehungen, beste Freunde, strategische Allianzen, berufliche Erfolge - oder das erste Kennenlernen der Schwiegereltern in spe. Und dabei wollen wir nicht nur eine gute Figur machen. Wir möchten auch mit unseren Kochkünsten beeindrucken und vielleicht sogar ein bisschen auftrumpfen - ohne aufdringlich zu sein.
Obwohl das Klischee der bösen Schwiegermutter heute längst überholt ist, ahnen wir doch, dass es für den ersten Eindruck keine zweite Chance gibt. Und da wir sie in einem späteren Lebensabschnitt sicherlich gern für den einen oder anderen Hilfsdienst einspannen wollen, möchten wir sie jetzt milde stimmen. Spätestens nach unserem Menü muss sie davon überzeugt sein, dass wir für unseren Mr. Right alles andere als wrong sind.
Allerdings möchten wir keinesfalls dabei beobachtet werden, wie wir uns in der Küche abmühen, den guten Eindruck hinzukriegen. Also entscheiden wir uns für Menüs, die wir bestens vorbereiten können. Die entweder einen Tag vorher zubereitet ihren Geschmack zum großen Anlass optimal entfalten oder die punktgenau in den Ofen geschoben werden, vorher aber schon fix und fertig vorbereitet sind. Die optisch viel hermachen. Die farblich - und geschmacklich - überraschen. Und die das gewisse Etwas haben. Außerdem werden wir es uns nicht nehmen lassen, die Gäste nach unseren tollen Menüs als krönenden Abschluss mit herrlichen Desserts zu verwöhnen. Einfach nur ein Eis aus dem Tiefkühlfach zu nehmen ist uns für diese großen Anlässe wirklich zu billig.

Gratinierte Rote Bete
auf Sellerie-Kartoffel-Püree

Zutaten für 4 Mädels

Für die Rote Bete
4 große Knollen vorgegarte Rote Bete
Salz
Pfeffer aus der Mühle
20 g Butter
1 EL Mehl
¼ l Milch
200 g Sahne
150 g Schafskäse
1–2 EL Honig
1 TL Petersilie, frisch gehackt

Für das Püree
1 kg Kartoffeln
250 g Knollensellerie
Salz
40 g Butter
¼ l Milch
Pfeffer aus der Mühle
Muskatnuss, frisch gerieben
1 TL Petersilie, frisch gehackt

Zubereitungszeit: 45 Minuten

1. Für die Rote Bete den Backofen auf 200 °C (Umluft 180 °C, Gas Stufe 3–4) vorheizen. Die Rote Bete aus der Folie nehmen – am besten mit Schürze und Einmalhandschuhen bewaffnet, denn der Saft macht fiese Flecken –, halbieren und mit den Schnittflächen nach unten in eine Auflaufform legen. Mit Salz und Pfeffer würzen.

2. Die Butter in einem kleinen Topf zerlassen, das Mehl hineinstäuben und mit Milch auffüllen. Unter Rühren aufkochen lassen. Nach 5 Minuten die Sahne einrühren. Mit Salz und Pfeffer würzen und weitere 2 Minuten leise köcheln lassen. Die Sauce über die Rote Bete gießen. Den Schafskäse zerbröseln und darübergeben und den Honig darüberträufeln. 25 Minuten im Ofen gratinieren.

3. In der Zwischenzeit für das Kartoffelpüree Kartoffeln und Sellerie schälen und in kleine Stücke schneiden. In einen Topf geben, mit Wasser bedecken, salzen und in etwa 15 Minuten weich kochen. Abgießen und in eine Schüssel geben. Mit Butter und Milch mit einem Kartoffelstampfer zu einem cremigen Püree verarbeiten. Mit Salz, Pfeffer und Muskatnuss würzen und zum Schluss die Petersilie unterheben.

4. In die Mitte von vier großen Tellern je einen großen Klecks Püree geben und die beiden Rote-Bete-Hälften hineinsetzen. Mit Petersilie bestreuen und sofort servieren.

Topp: Frische Rote Bete schmeckt auch als Salat oder in einem Eintopf. Wenn du frische Knollen mit Blättern verwendest, schneide diese bis auf 5 Zentimeter ab, damit die Knollen beim Kochen nicht »ausbluten«. Dann legst du sie ungeschält in kochendes Wasser und lässt sie etwa 50 Minuten garen. Nach dem Kochen lässt du sie kurz abkühlen, dann kannst du sie mit einem scharfen Messer schälen und weiter verarbeiten.

Du bist eingeladen!

Überbackene Kürbiscrêpes

Zutaten für 4 Mädels
2 Schalotten
50 g Speck
500 g Hokkaidokürbis
3 EL Öl
Salz
Pfeffer aus der Mühle
Muskatnuss, frisch gerieben
1 Messerspitze Zimtpulver
80 g Parmesan, frisch gerieben
Fett für die Form

Für die Crêpes
100 g Mehl
¼ l Milch
50 g Butter
2 Eier
Salz
Pfeffer aus der Mühle
Butter zum Ausbacken

Zubereitungszeit:
1 Stunde 20 Minuten

1. Schalotten abziehen und fein würfeln. Speck ebenfalls fein würfeln. Kürbis halbieren, entkernen, schälen und grob raspeln.

2. Das Öl in einer Pfanne erhitzen und Schalotten sowie Speck darin anbraten. Den Kürbis hinzufügen und mitdünsten. Mit Salz, Pfeffer, Muskatnuss und Zimt würzen. Die Hitze reduzieren und die Kürbismischung etwa 6 Minuten weitergaren lassen. Die Pfanne vom Herd nehmen und die Mischung etwas abkühlen lassen. Die Hälfte des Parmesans unterrühren. Den Backofen auf 200 °C (Umluft 180 °C, Gas Stufe 3–4) vorheizen.

3. Für die Crêpes das Mehl mit der Milch glatt rühren. Die Butter bei geringer Hitze zerlassen. Vorsicht: Sie darf nicht dunkel oder schaumig werden. Mit den Eiern unter die Mehl-Milch-Mischung rühren. Mit Salz und Pfeffer würzen. 15 Minuten ruhen lassen. Der Teig reicht für 8 Crêpes.

4. Zum Ausbacken eine flache Pfanne mit etwas Butter auspinseln. Die Pfanne sehr heiß werden lassen. Mit einem Schöpflöffel eine Portion Teig in die Pfannenmitte geben und sofort zu einem dünnen, runden Crêpe verstreichen. Wenn die Crêpes goldbraun sind und sich die Ränder ein wenig nach oben biegen, mit einem Pfannenwender umdrehen und auf der anderen Seite etwa 3 Minuten backen. Aus der Pfanne nehmen und auf einem großen Teller stapeln.

5. Die Kürbismischung auf den Crêpes verteilen und diese einrollen. Eine Auflaufform einfetten. Die Crêpesrollen in 4 Zentimeter große Stücke schneiden und senkrecht in die Form stellen. Mit dem restlichen Parmesan bestreuen und 15 Minuten im Ofen überbacken.

ROSENKOHL-MARONEN-CURRY
MIT BASMATIREIS

Zutaten für 4 Mädels

500 g frischer Rosenkohl
1 mittelgroße Zwiebel
1 Knoblauchzehe
1 Stück Ingwer (5 cm)
2 Limetten
5 EL Sesamöl
3 EL Rapsöl
100 g getrocknete, geschälte rote Linsen
¼ l Gemüsebrühe
1 Prise Chiliflocken
1 TL gemahlene Kurkuma
1 TL gemahlener Kreuzkümmel (Cumin)
250 g Basmatireis
400 ml Kokosmilch
1 EL Erdnussbutter (crunchy)
400 g vorgegarte Maronen
Salz
Sojasauce
½ Bund Thai-Basilikum

Zubereitungszeit: 40 Minuten

1. Rosenkohl waschen und putzen. Zwiebel und Knoblauch abziehen, Ingwer schälen und alles klein würfeln. Limetten auspressen, den Saft beiseitestellen.

2. Sesam- und Rapsöl mischen und in einem großen Topf erhitzen. Zwiebel, Knoblauch und Ingwer darin unter Rühren kurz anbraten. Rosenkohl und Linsen hinzufügen und Brühe angießen. Chiliflocken, Kurkuma und Kreuzkümmel unterrühren, alles zum Kochen bringen und bei geringer Hitze zugedeckt etwa 10 Minuten köcheln lassen.

3. In der Zwischenzeit den Backofen auf 120 °C (Umluft 100 °C, Gas Stufe 1) vorheizen. Den Reis mit ½ Liter Wasser in einen Topf geben. Aufkochen und anschließend zugedeckt im Ofen weitergaren lassen (siehe Tipp unten).

4. Nach 10 Minuten Garzeit die Kokosmilch und den beiseitegestellten Limettensaft zum Curry gießen. Erdnussbutter und Maronen unterrühren, noch einmal kurz aufkochen lassen und das Curry mit Salz und Sojasauce abschmecken.

5. Das Thai-Basilikum waschen, trockenschütteln und hacken. Das Curry in die Mitte eines großen Serviertellers geben und den Reis ringförmig darum verteilen. Vor dem Servieren den Reis mit dem Thai-Basilikum bestreuen. Das gibt nicht nur ein traumhaftes Aroma, sondern auch ein tolles Farbenspiel – Gelb, Weiß, Grün – und erhöht so noch die Lust am Essen.

Tipp: Gart der Reis im Ofen fertig, hast du einen Topf weniger, auf den du achten musst. Außerdem wird der Reis so nie anbrennen. Die Wärme lässt ihn auch nicht verkochen. Wenn das Hauptessen fertig ist, ist auch der Reis gar.

Doradenfilets auf Gemüsebett mit Basilikum-Sahne-Sauce

Zutaten für 4 Mädels

Für die Doradenfilets

1 mittelgroße Fenchelknolle
3 Karotten
8 kleine festkochende Kartoffeln
250 g Kirschtomaten
4 Schalotten
4 Lorbeerblätter
2 TL Öl
Salz
Pfeffer aus der Mühle
3 Biozitronen
200 ml Fischfond
8 Doradenfilets
Öl zum Beträufeln

Für die Basilikum-Sahne-Sauce

3 Bund Basilikum à 90 g
40 g weiche Butter
1 TL Mehl
¼ l Geflügelfond
5 EL trockener Weißwein
125 g Sahne
Salz
Pfeffer aus der Mühle
1 Prise Zucker
1 Spritzer Noilly Prat (trockener französischer Wermut), ersatzweise trockener Martini

Zubereitungszeit: 50 Minuten

1. Den Backofen auf 200 °C (Umluft 180 °C, Gas Stufe 3–4) vorheizen. Die Fenchelknolle waschen, putzen und längs achteln. Die Karotten schälen und in Scheiben schneiden. Die Kartoffeln schälen und vierteln. Die Kirschtomaten waschen und halbieren, die Schalotten abziehen und vierteln.

2. In einem Bräter Fenchel, Karotten, Kartoffeln und Schalotten mit Lorbeerblättern und Öl vermischen. Mit Salz und Pfeffer würzen. Die Zitronen waschen und trockenreiben. Die Schale abreiben, die Zitronen vierteln. Zitronenschale und Fischfond zum Gemüse geben und 15 Minuten im Ofen garen.

3. Inzwischen die Doraden waschen und trockentupfen. Pfeffern und mit Öl beträufeln. Den Fisch auf das Gemüse legen und die Zitronenviertel darauf verteilen. Die Backofentemperatur auf 160 °C (Umluft 140 °C, Gas Stufe 1–2) reduzieren und die Filets maximal 8 Minuten auf dem Gemüsebett garen. Die Kirschtomaten auf dem Gemüse verteilen, den Ofen ausschalten und das Gericht weitere 5 Minuten ziehen lassen.

4. Für die Basilikum-Sahne-Sauce das Basilikum waschen und trockenschütteln. Die Blätter von den Stängeln zupfen und fein hacken. Die Butter in einem Topf zerlassen, das Mehl hineinstäuben und sofort mit einem Schneebesen verrühren, damit keine Klümpchen entstehen. Nach und nach den Geflügelfond angießen, kurz aufkochen lassen und den Weißwein dazugießen. Alles 10 Minuten köcheln lassen.

5. Die Sahne angießen und mit Salz, Pfeffer und Zucker abschmecken. Das Basilikum in die Sauce geben, den Topf vom Herd nehmen und die Sauce mit einem Stabmixer fein pürieren. Zum Schluss den Noilly Prat unterrühren.

6. Das Gemüse auf vier Tellern anrichten und je 2 Doradenfilets darauflegen. Mit der Basilikum-Sahne-Sauce beträufelt und nach Belieben mit frischen Basilikumblättern garniert servieren.

BŒUF BOURGUIGNON

Zutaten für 4–6 Mädels

1 große Zwiebel + 24 kleine Zwiebeln
1 kg Rindfleisch aus der Schulter oder Keule
1 Stängel Petersilie
1 Zweig Thymian
1 Lorbeerblatt
2 EL Öl
400 ml Rotwein (am besten Burgunder)
2 EL Cognac
50 g Butter
150 g magerer Speck in dünnen Scheiben
450 g kleine Champignons
25 g Mehl
1 Knoblauchzehe
300 ml Rinderfond
1 Bouquet garni (getrocknetes oder frisches Kräutersträußchen, z. B. mit Thymian, Petersilie, Lorbeer)
Salz
Pfeffer aus der Mühle

Zubereitungszeit: 3 Minuten + 12 Stunden Marinierzeit (am besten über Nacht)

1. Die große Zwiebel abziehen und in feine Scheiben schneiden. Das Rindfleisch waschen, trockentupfen und in 3 x 4 Zentimeter große Stücke schneiden. Petersilie und Thymian waschen und trockenschütteln. Das Fleisch mit Zwiebelscheiben, Petersilie, Thymian und zerbröseltem Lorbeerblatt in eine große Schüssel schichten. Öl mit Rotwein und Cognac vermischen und über das Fleisch gießen. Über Nacht ziehen lassen.

2. Am nächsten Tag in einer großen Kasserolle 20 Gramm Butter bei mittlerer Hitze zerlassen und die Speckscheiben darin goldbraun anbraten. Herausnehmen und beiseitestellen. Die kleinen Zwiebeln abziehen, in die Kasserolle geben und auf allen Seiten Farbe nehmen lassen. Herausnehmen und beiseitestellen. Die Champignons putzen, aber nicht waschen, und 1 Minute in der Kasserolle anbraten. Herausnehmen und auf Küchenpapier abtropfen lassen.

3. Das Fleisch aus der Marinade nehmen, abtropfen lassen und in der Kasserolle bei größerer Hitze von allen Seiten kräftig anbraten. Die restliche Butter hinzufügen. Das Mehl darüberstäuben und unter Rühren alles durchschmoren lassen. Nach und nach die Marinade angießen. Knoblauch abziehen und mit Rinderfond und Bouquet garni dazugeben. Mit Salz und Pfeffer würzen und zugedeckt 2 Stunden bei mittlerer Hitze schmoren lassen.

4. Speck, Champignons und Zwiebeln zum Fleisch geben und alles nochmals 30 Minuten schmoren lassen, bis das Fleisch gar und zart ist. Das Bouquet garni herausnehmen und die Sauce mit Salz und Pfeffer abschmecken.

Tipp: Mit diesem klassischen Sonntagsgericht kannst du prima Eindruck schinden. Und das Tolle daran: Du kannst es am Vortag zubereiten – dann schmeckt es sogar noch besser! Dazu passt besonders gut ein Kartoffelgratin (siehe Rezept S. 69).

Kalbsrouladen mit Basilikum, Parmaschinken und Parmesan

Zutaten für 4 Mädels

Für die Kalbsrouladen

8 dünn geschnittene Kalbsschnitzel à 80 g
Salz
Pfeffer aus der Mühle
4 Scheiben Parmaschinken
½ Bund Basilikum
100 g Parmesan, frisch gerieben
1 kleine Karotte
1 Stange Sellerie
1 kleine Zwiebel
1 kleine Knoblauchzehe
1 Zweig Rosmarin
3 EL Öl
20 g Butter
1/8 l Rotwein
240 g geschälte Tomaten (aus der Dose)
1/8 l Fleischbrühe

Tipp: Zur Kalbsroulade mit Basilikum, Parmaschinken und Parmesan passt der »Knallrote Tomatenrisotto« (siehe S. 23) besonders gut.

Ausserdem

8 Holzspießchen

Zubereitungszeit: 45 Minuten

1. Die Kalbsschnitzel waschen und trockentupfen. Leicht flach klopfen, salzen und pfeffern. Die Schinkenscheiben halbieren. Das Basilikum waschen und trockenschütteln. Die Blätter von den Stängeln zupfen. 8 Blätter beiseitelegen, die restlichen Blätter in feine Streifen schneiden.

2. Jedes Schnitzel mit 1 Basilikumblatt und 1 Schinkenhälfte belegen. Dick mit Parmesan bestreuen. Die Fleischscheiben aufrollen und mit einem kleinen Holzspießchen feststecken.

3. Karotte schälen, Sellerie waschen und putzen, Zwiebel und Knoblauch abziehen. Alles in sehr feine Würfel schneiden. Rosmarin waschen und trockenschütteln. Die Nadeln vom Zweig streifen und fein hacken.

4. Öl und Butter in einer Kasserolle erhitzen und das Gemüse sowie den Rosmarin darin anbraten. Die Rouladen hinzufügen und von allen Seiten ebenfalls anbraten. Mit Wein ablöschen und etwas einkochen lassen. Die Tomaten klein schneiden und mitsamt dem Saft zum Fleisch geben. Alles vorsichtig vermischen und zugedeckt mindestens 10 Minuten schmoren lassen. Mit Fleischbrühe aufgießen und in weiteren 10 Minuten fertig schmoren. Zum Schluss die Basilikumstreifen unterheben. Auf vier großen Tellern je 2 Kalbsrouladen mit der Sauce anrichten.

Kalbsrückensteaks an Salbeibirne

Zutaten für 4 Mädels

4 Kalbsrückensteaks à 180 g
4 EL Öl
Salz
Pfeffer aus der Mühle
12 mittelgroße Salbeiblätter
4 mittelgroße Birnen, z. B. Williams Christ
½ EL Butter
1 Prise Zucker
100 ml Birnensaft

Zubereitungszeit: 45 Minuten

1. Den Backofen auf 180 °C (Umluft 160 °C, Gas Stufe 2–3) vorheizen. Die Kalbsrückensteaks waschen und trockentupfen. Das Öl in einer Pfanne sehr heiß werden lassen und die Steaks darin auf beiden Seiten je etwa 3 Minuten anbraten. Salzen und pfeffern. Auf ein Backblech legen und 15 Minuten im Ofen weitergaren. Anschließend im ausgeschalteten Ofen warm halten.

2. Die Salbeiblätter waschen und trockentupfen. Die Birnen waschen, trockenreiben, schälen, halbieren und vom Kerngehäuse befreien. Mit der Schnittfläche nach unten auf ein Brettchen legen und längs 3-mal einschneiden, dabei aber nicht durchschneiden. Mithilfe eines Zahnstochers in die Schnitte je 1 Salbeiblatt stecken.

3. Die Butter in einem Topf zerlassen. Die Birnenhälften hineingeben und anschmoren. Mit Salz, Pfeffer und Zucker würzen. Den Birnensaft angießen und alles etwa 10 Minuten köcheln lassen.

4. Die Kalbsrückensteaks und die Salbeibirnen auf vier Tellern anrichten. Dazu passt eine Ofenkartoffel (siehe Tipp unten).

Tipp: Zum Kalbsrückensteak an Salbeibirne passt am besten eine schöne große Ofenkartoffel. Diese einfach gründlich abbürsten, in Alufolie wickeln und bei ca. 200 °C je nach Größe etwa 45 bis 60 Minuten im Ofen garen.

LAUWARMES OBST-CRUMBLE
MIT VANILLESAHNE

Zutaten für mindestens 4 Mädels

500 g gemischtes Obst, z. B. Bananen, Pflaumen, Äpfel, Kirschen, Pfirsiche, Nektarinen, Aprikosen
1–2 TL Zucker
1 TL Zimtpulver
Saft von 1–2 Zitronen

Für die Streusel

400 g Mehl
200 g Zucker
225 g kalte Butter
1 Päckchen Vanillezucker
1 Prise Salz
1 Ei
100 g gehackte Haselnüsse
200 g gemahlene Mandeln
Butter für die Form

Tipp: Mit diesem Dessert bekommst du jede Schwiegermutter in spe auf deine Seite! Außerdem kannst du hier nach Belieben Obst verwenden, das schon sehr reif ist – in dem lauwarmen Crumble läuft es noch einmal zu Höchstformen auf.

Für die Sahne

½ Vanilleschote
200 g Sahne
1 TL Zucker

Zubereitungszeit:
1 Stunde 10 Minuten

1. Das Obst gegebenenfalls waschen und trockentupfen, schälen, bei Bedarf entkernen oder entsteinen und in mundgerechte Stücke schneiden. In eine Schüssel geben und mit Zucker sowie Zimt vermischen. Mit Zitronensaft beträufeln und alles noch einmal gut durchmengen.

2. Für die Streusel den Backofen auf 200 °C (Umluft 180 °C, Gas Stufe 3–4) vorheizen. Alle Zutaten – bis auf die Butter für die Form – in eine Rührschüssel geben und mit den Knethaken des Handrührgeräts zu einem krümeligen Teig verarbeiten.

3. Eine Auflaufform buttern. Die Hälfte der Streusel in die Form geben und ein wenig festdrücken. Das vorbereitete Obst gleichmäßig auf dem Teigboden verteilen. Die restlichen Streusel darübergeben. 50 Minuten auf der untersten Schiene im Ofen backen. Falls die Streusel zu dunkel werden, die Temperatur auf 170 °C (Umluft 150 °C, Gas Stufe 2) reduzieren.

4. Für die Sahne das Mark aus der halben Vanilleschote kratzen und mit der Sahne sowie dem Zucker in ein hohes Gefäß geben. Die Sahne halbsteif schlagen, in ein Schüsselchen geben und zu dem lauwarmen Crumble servieren.

NEKTARINENTARTE
MIT MANDELCREME

Zutaten für 4 Mädels

Für den Teig

Fett für die Form
150 g Mehl
½ TL Backpulver
1 kaltes Eigelb
75 g kalte Butter
75 g Zucker
1 Päckchen Vanillezucker
1 Prise Salz

Für den Belag

6 Nektarinen
50 g Puderzucker

Für die Mandelcreme

50 g weiche Butter
40 g Zucker
1 Ei
20 g Mehl
50 g gemahlene Mandeln

Zubereitungszeit: 1 Stunde

1. Für den Teig eine Tarteform einfetten. Mehl und Backpulver vermengen. Das Eigelb mit der kalten, in Stücke geschnittenen Butter, dem Zucker, dem Vanillezucker und dem Salz schnell mit den Händen zu einem Mürbeteig verkneten. Sofort ausrollen und in die Tarteform legen. Kalt stellen.

2. Für den Belag die Nektarinen waschen, vierteln und dabei entsteinen. In eine Schüssel geben und mit dem Puderzucker bestäuben. Den Backofen auf 180 °C (Umluft 160 °C, Gas Stufe 2–3) vorheizen.

3. Für die Mandelcreme Butter und Zucker schaumig rühren. Das Ei hinzufügen und unterrühren. Mehl und Mandeln dazugeben und ebenfalls unterrühren, bis eine geschmeidige Creme entstanden ist. Die Mandelcreme auf den Tarteteig streichen.

4. Die Nektarinenviertel mit der Haut nach unten auf die Creme legen. Die Tarte 35 Minuten im Ofen backen. Lauwarm servieren und nach Belieben Vanillesahne (siehe Rezept S. 123) dazu reichen.

Tipp: Der Mürbeteig lässt sich sehr gut gleich nach dem Kneten ausrollen. Hierzu nimmst du am besten Frischhaltefolie, die du zwischen den Teig und das Nudelholz legst. Anschließend stellst du den Teig, der bereits in der Form ist, in den Kühlschrank.

HIMBEER-MASCARPONE-TRIFLE

Zutaten für 4 Mädels

350 g frische Himbeeren
100 g Vollkornbutterkekse
250 g Mascarpone
250 g Naturjoghurt
2–3 EL Zucker
1 Päckchen Vanillezucker
80 ml Orangensaft

Zubereitungszeit: 15 Minuten + 1 Stunde Kühlzeit

1. Die Himbeeren verlesen, möglichst nicht waschen. Die Kekse mit den Fingern zerbröseln. Den Mascarpone und den Joghurt mit dem Zucker, dem Vanillezucker und dem Orangensaft verrühren.

2. Jeweils die Hälfte der Mascarponecreme und der Kekse abwechselnd in vier kleine Dessertgläser schichten. Die Hälfte der Himbeeren darauf verteilen. Den Vorgang wiederholen. Das Himbeer-Mascarpone-Trifle mindestens 1 Stunde im Kühlschrank durchziehen lassen.

REGISTER

Über die Autorinnen

Für **Susanne Kalwa** ist Kochen Bestimmung und Leidenschaft. Obwohl ihr beruflicher Werdegang oftmals verschlungene, aber immer kreative Wege nahm, blieb Kochen immer das Zentrum ihrer Leidenschaft. Nach vielen Auslandsaufenthalten für Film und Fernsehen machte sie diese Leidenschaft ab 2002 auch zu ihrem Beruf.

Birgitt Hölzel kocht für ihr Leben gern lecker und holt sich bei Susanne Kalwa dafür immer wieder Hilfe. Die Journalistin, die mit ihrem Mann den Beziehungsratgeber »Höchste Paarungszeit« (Südwest Verlag) geschrieben hat, war für den Kulinarik-Guide „DelikatEssen" jahrelang in München unterwegs.

1.Auflage

Redaktionsleitung: Silke Kirsch
Projektleitung: Eva Wagner
Redaktion: Dr. Ulrike Kretschmer
Korrektorat: Barbara Kohl
Bildredaktion: Tanja Zielezniak
Fotos: Julia Hoersch, Hamburg
Foodstyling: Claudia Seifert, Hamburg
Requisite/Styling: Julia Hoersch/Claudia Seifert
Illustrationen: Gesa Sander, Hamburg
Umschlaggestaltung und Layout: Gesa Sander, Hamburg
Reproduktion: Artilitho snc, Lavis (Trento)
Druck und Verarbeitung: Druckerei Theiss, St. Stefan
Printed in Austria

MIX
Papier aus verantwortungsvollen Quellen
FSC® C012536

Verlagsgruppe Random House FSC® N001967
Das für diesen Titel verwendete FSC®-zertifizierte Papier Novatech satin wurde produziert von UPM Dörpen.
ISBN 978-3-517-09275-1